Politische Bildung

Herausgegeben von
C. Deichmann, Jena
I. Juchler, Potsdam

Die Reihe Politische Bildung vermittelt zwischen den vielfältigen Gegenständen des Politischen und der Auseinandersetzung mit diesen Gegenständen in politischen Bildungsprozessen an Schulen, außerschulischen Einrichtungen und Hochschulen. Deshalb werden theoretische Grundlagen, empirische Studien und handlungsanleitende Konzeptionen zur politischen Bildung vorgestellt, um unterschiedliche Zugänge und Sichtweisen zu Theorie und Praxis politischer Bildung aufzuzeigen und zur Diskussion zu stellen. Die Reihe Politische Bildung wendet sich an Studierende, Referendare und Lehrende der schulischen und außerschulischen politischen Bildung.

Herausgegeben von
Carl Deichmann
Universität Jena
Deutschland

Ingo Juchler
Lehrstuhl für Politische Bildung
Universität Potsdam
Deutschland

Ingo Juchler (Hrsg.)

Hermeneutische Politikdidaktik

Perspektiven der politischen Ethik

Herausgeber
Ingo Juchler
Lehrstuhl für Politische Bildung
Universität Potsdam
Deutschland

ISBN 978-3-658-05739-8   ISBN 978-3-658-05740-4 (eBook)
DOI 10.1007/978-3-658-05740-4

Die Deutsche Nationalbibliothek verzeichnet diese Publikation in der Deutschen Nationalbibliografie; detaillierte bibliografische Daten sind im Internet über http://dnb.d-nb.de abrufbar.

Springer VS
© Springer Fachmedien Wiesbaden 2015
Das Werk einschließlich aller seiner Teile ist urheberrechtlich geschützt. Jede Verwertung, die nicht ausdrücklich vom Urheberrechtsgesetz zugelassen ist, bedarf der vorherigen Zustimmung des Verlags. Das gilt insbesondere für Vervielfältigungen, Bearbeitungen, Übersetzungen, Mikroverfilmungen und die Einspeicherung und Verarbeitung in elektronischen Systemen.
Die Wiedergabe von Gebrauchsnamen, Handelsnamen, Warenbezeichnungen usw. in diesem Werk berechtigt auch ohne besondere Kennzeichnung nicht zu der Annahme, dass solche Namen im Sinne der Warenzeichen- und Markenschutz-Gesetzgebung als frei zu betrachten wären und daher von jedermann benutzt werden dürften.
Der Verlag, die Autoren und die Herausgeber gehen davon aus, dass die Angaben und Informationen in diesem Werk zum Zeitpunkt der Veröffentlichung vollständig und korrekt sind. Weder der Verlag noch die Autoren oder die Herausgeber übernehmen, ausdrücklich oder implizit, Gewähr für den Inhalt des Werkes, etwaige Fehler oder Äußerungen.

Gedruckt auf säurefreiem und chlorfrei gebleichtem Papier

Springer Fachmedien Wiesbaden ist Teil der Fachverlagsgruppe Springer Science+Business Media
(www.springer.com)

Inhalt

Ingo Juchler
Einführung: Politische Ethik
im Rahmen einer hermeneutischen Politikdidaktik 7

Steffen Piller
Homo oeconomicus: Fluch oder Segen für die politische Bildung? 11

Christian Schmidt
Das Moralische im wirtschaftlichen Handeln –
ein Thema für den Politikunterricht? 25

Dennis Hauk
Politische Medienethik als Gegenstand
der hermeneutischen Politikdidaktik
in der digitalen Mediengesellschaft 37

Carl Deichmann
Die Entwicklung des Gerechtigkeitssinns:
Herausforderung für die politische Ethik und die politische Bildung 49

Marc Partetzke
Narration und Wertebildung –
Subjektive politische Ethiken als Potentiale Politischer Bildung.
Überlegungen am Beispiel der ehemaligen DDR 63

Werner Friedrichs
Der (auf-)gegebene Rest.
Politikdidaktische Markierungen einer Ethik des Undarstellbaren 79

Ingo Juchler
Narrationen in der politischen Bildung 93

Sibylle Reinhardt
Taugt Empörung als Motiv für politische Werte-Bildung? 107

Andreas Eis
„Doing Identity" statt Integration?
Postnationale Narrationen des Selbst als Gegenstand
politischer Ethik und Aufgabe hermeneutischer Bildungsforschung 121

Hendrik Schröder
Eine kritische Betrachtung von Rationalität
als zentraler normativer Bezugspunkt des Politischen Urteils
in Hinblick auf die Praxis 139

Einführung: Politische Ethik im Rahmen einer hermeneutischen Politikdidaktik

Ingo Juchler

Die hermeneutische Politikdidaktik setzt sich mit Fragen nach den Möglichkeiten einer auf das Verstehen des Politischen ausgerichteten politischen Bildung auseinander. Hierbei sind ethische Aspekte von besonderer Relevanz. Vor diesem Hintergrund führte der *Arbeitskreis Hermeneutische Politikdidaktik* der *Gesellschaft für Politikdidaktik und politische Jugend- und Erwachsenenbildung* (GPJE) vom 26. bis 27. Juni 2013 die Tagung *Politische Ethik im Rahmen der Hermeneutischen Politikdidaktik* an der Universität Potsdam durch. Die vorliegende Publikation präsentiert die überarbeiteten Beiträge dieser Tagung. Der Band wirft ein Schlaglicht auf wirtschaftsethische, medienethische, institutionenethische und handlungsethische Dimensionen der politischen Bildung aus der Perspektive, wie diese zum Verstehen des Politischen und zur politischen Urteilsbildung beitragen können.

Steffen Piller und Christian Schmidt (beide Friedrich-Schiller-Universität Jena) gehen in ihren Beiträgen wirtschaftsethischen Fragestellungen nach. Steffen Piller untersucht ausgehend vom Leitbild des *homo oeconomicus* nach Möglichkeiten, den vielfach festgestellten Gegensatz von Moral und Eigeninteresse aufzuheben, indem Handlungsbedingungen der ökonomischen Ethik konzeptionalisiert werden. Mit Blick auf das Modell des *homo oeconomicus* soll, so Piller, im hermeneutischen Sinne ein grundlegendes Handlungsverstehen für die politische Bildung nachvollzogen werden, bei dem der Versuch unternommen wird, den Gegensatz von Moral und Eigeninteresse in Einklang zu bringen und gleichsam einen didaktischen Nutzen auszuweisen. Christian Schmidt geht von der These aus, dass nach den Ereignissen zu Beginn des neuen Jahrtausends, deren Folgen die demokratischen Gesellschaften noch lange spüren und bearbeiten würden, die Gefahr groß sei, den Wert und den Nutzen, der aus einer bestimmten Wirtschaftsordnung gezogen werden könne, zu marginalisieren. Schmidt plädiert deshalb für die Auseinandersetzung und Reflektion der Rolle des Einzelnen und der Folgen staatlicher Aktivität innerhalb des ökonomischen Prozesses im Rahmen der politischen Bildungsarbeit. Auf dieser Grundlage, so Schmidt, können schließlich die Lernenden zukünftig ihr ökonomisches Handeln selber reflektieren und die politische Entscheidung, welches Maß staatlicher Rahmensetzung sie für sinnvoll halten, fundiert treffen.

Der Aufsatz von Dennis Hauk (Friedrich-Schiller-Universität Jena) beschäftigt sich mit medienethischen Fragestellungen im Kontext der hermeneutischen Politikdidaktik. Hauk geht den gesellschaftlich-politischen Auswirkungen der fortschreitenden Digitalisierung aus der Forschungsperspektive der Politischen Medienethik nach und hinterfragt deren politisches Bildungspotential. Ziel der Untersuchung ist es, so Hauk, herauszufinden, wie die interaktiven Kommunikationsräume des Internets (z. B. in politischen Onlineforen) im Politikunterricht zu einem erweiterten Politik-Verstehen beitragen können. Hierzu werden sowohl die fachwissenschaftlichen als auch die empirischen Ergebnisse einer qualitativen Forschungsstudie genutzt, um Aussagen über den handlungs- und urteilsfördernden Einfluss der neuen Medientechnik zu treffen. Darüber hinaus werden weiterführende unterrichtspraktische Hinweise präsentiert, welche die Grundlage für die medienzentrierte und politisch-ethische Unterrichtsgestaltung darstellen.

Carl Deichmann und Marc Partetzke (beide Friedrich-Schiller-Universität Jena) beschäftigen sich mit Institutionenethik und politischem Bewusstsein aus der Perspektive der hermeneutischen Politikdidaktik. Carl Deichmann stellt ein Modell zur Ausbildung des Gerechtigkeitssinns vor. Dazu stellt er zunächst Überlegungen zur moralischen Dimension des öffentlichen Diskurses an, der in einem Bezug zu den politisch-moralischen Alltagsdiskussionen der Bürger stehe. Deichmann analysiert außerdem, welche Bedeutung und Funktion die Differenzierung von regulativen Ideen (Gerechtigkeit, Gemeinwohl, Frieden) und Werten (Freiheit, Gleichheit, Solidarität) für die Analyse und Beurteilung politischer Probleme hat. Den Lernenden sollen hierdurch die Alltagsweltbedeutung der regulativen Ideen und Werte sowie deren Übertragung auf gesamtgesellschaftliche Interaktionen und Institutionen einsichtig werden, wodurch sie einen Gerechtigkeitssinn entwickeln können, der ihnen die Analyse und Beurteilung von politischen Diskursen ermögliche.

Marc Partetzke unternimmt in seinem Beitrag den Versuch, das politikdidaktische Potential subjektiver, alltagsweltlicher politischer Ethiken anhand der ehemaligen DDR als einen zentralen Gegenstand politischer Bildung herauszustellen. Für Marc Partetzke ist dabei von besonderem Erkenntnisinteresse, ob und gegebenenfalls wie mit gänzlich unterschiedlichen DDR-bezogenen Deutungen im Politikunterricht produktiv umgegangen werden kann. Darüber hinaus möchte der Verfasser eine Antwort auf die Frage liefern, wie subjektive, DDR-spezifische politische Ethiken empirisch zu gewinnen seien, um damit auf die Potentiale einer politikdidaktischen (Auto-)Biographieforschung hinzuweisen.

Werte und politische Urteilsbildung stehen im Mittelpunkt der Beiträge von Werner Friedrichs (Leibniz-Universität Hannover), Ingo Juchler (Universität Potsdam) und Sibylle Reinhardt (Martin-Luther-Universität Halle-Wittenberg). Werner Friedrichs untersucht in seinem Beitrag, wie eine politische Ethik unter der Voraussetzung der Aufgabe der theoretisch riskant gewordenen Annahme eines unabhängigen subjektiven Kerns didaktisch anschlussfähig gedacht und entfaltet werden könne. Friedrichs legt dar, dass nicht nur die Rekonstruktion sinnhafter politischer Bedeutungsstrukturen einen wesentlichen Horizont für die Bildung eines demokratischen Bewusstseins darstellen könne, sondern auch seine Reflexion im Sinne einer Unter- und Durchbrechung gegebener Zusammenhänge. Subjektivierungsprozesse könnten in der Unterbrechung von „Sinndispositiven" als didaktisch bedeutsamer Einsatz einer politischen Ethik gedacht werden. Im Beitrag von Ingo Juchler werden zunächst didaktische Dimensionen für den Einsatz von Narrationen in der politischen Bildung entwickelt. Christoph Heins Roman *In seiner frühen Kindheit ein Garten* dient sodann der beispielhaften Vorstellung des Einsatzes einer Narration im Politikunterricht. Ziel des narrativen Ansatzes ist es, den Schülerinnen und Schülern einen verstehenden Zugang zum Politischen zu ermöglichen und sie auf dieser Grundlage zur politischen Urteilsbildung zu befähigen. Sibylle Reinhardt geht in ihrem Beitrag davon aus, dass starke Gefühle wie Empörung oder Mitleid häufig spontane moralische Urteile einleiten. Diese bedürften allerdings der Einbettung in unterschiedliche Perspektiven und Kontexte und der Befragung ihrer moralischen und politischen Rechtfertigung. Auf der Grundlage der Dilemma-Methode vermöge es die politische Bildung, so Sibylle Reinhardt, die Verschränkung von persönlich-ethischem Urteilen und politischem Urteilen zu fördern. Dabei könnten distanzierende und reflexive Verfahren den lernenden Subjekten helfen, sich selbst und andere, Institutionen und deren Aufgaben zu verstehen.

Abgeschlossen wird der Band mit zwei Beiträgen zu handlungsethischen Fragestellungen im Kontext hermeneutischer Politikdidaktik. Andreas Eis (Carl von Ossietzky Universität Oldenburg) untersucht die Frage, welchen Beitrag der hermeneutische Ansatz sozialwissenschaftlicher Bildungsforschung für eine postnationale Neudefinition politischer Zugehörigkeiten leisten könne. Dazu analysiert Andreas Eis interdisziplinäre Wege, die Identitätsarbeit – verstanden als reflexive Praktiken politisch-kultureller Subjektivierung – in sozialen Interaktionsprozessen ermöglichten. Es ist das Anliegen von Andreas Eis, politische Selbstdefinitionen, die immer auch mit neuen Abgrenzungsprozessen verbunden seien, als biographische Lernproblematik offenzulegen und mithilfe hermeneutischer Verfahren kritisch zu reflektieren. Schließlich untersucht Hendrik Schröder (Universität Bremen) ausgehend von dem Umstand, dass sozialwissenschaftliche, neurowissenschaftliche und psychologische Untersuchungen der Rationalität beim Urteilen nur eine untergeordnete Bedeutung zuwiesen, welche Rolle Rationalität in der Politikdidaktik einnehmen könne. Hendrik Schröder sucht dabei aufzuzeigen, warum eine Fokussierung auf Rationalitätsaspekte für die politische Urteilsbildung zu kurz greife und erläutert, welche weiteren Aspekte stärker in den Blick genommen werden müssten, um dem Menschen in seiner Ganzheitlichkeit gerecht zu werden.

Schließlich möchte ich an dieser Stelle Frau Gesine Dannenberg und Frau Caroline Noack für die kritische Durchsicht der Manuskripte meinen herzlichen Dank aussprechen.

Homo oeconomicus: Fluch oder Segen für die politische Bildung?

Steffen Piller

1 Politische Ethik als angewandte Ethik in der politischen Bildung

„Die Ethik versucht ganz generell die Frage zu beantworten, wie die Menschen handeln sollen." (Fenner 2010, S. 2) Mit der Fokussierung ethischer Probleme auf spezifische Gesellschaftsbereiche (z. B. Politik, Wirtschaft, Medien oder Wissenschaft) eröffnet sich das Betätigungsfeld der sogenannten *angewandten Ethik* als normative ethische Teildisziplin im Sinne einer „anwendungsorientierten/problembezogenen Ethik" (Fenner 2010, S. 13 f.).

Politische Ethik ist angewandte Ethik, die als Teilbereich der Politik begriffen werden muss und sich der moralischen Seite von Politik widmet (Sutor 1997, S. 11): „Die politische Ethik ist ein Bereich von Verpflichtungen und Verantwortlichkeiten, die eigenständig politisch begründet werden müssen." (Reese-Schäfer/Mönter 2013, S. 7) Hierdurch wird politische Ethik zu einem Bestandteil des Lernprozesses in der politischen Bildung, denn:

> „Politische Fragen sind Fragen der Praxis des menschlichen Miteinanders, seiner Regelung und Ordnung. Sie betreffen uns also als Menschen, in ihre Diskussion und Entscheidung fließen Meinungen und Überzeugungen ein von unseren Interessen und Rechten, der Wille, diese zu wahren bzw. durchzusetzen, auch gegen andere; es fließen Erfahrungen von menschlichem Verhalten ein, Urteile über gesellschaftliche Entwicklungen und Probleme, über wünschenswerte Zustände in der Gesellschaft. *Politische Fragen sind wertbesetzte Fragen,* weil es um uns selbst geht, um uns in unserem Selbstverständnis als individuelle Personen und als Gruppen, um unsere Beziehungen zu anderen; um die Frage, wie diese gestaltet werden können und sollen." (Sutor 1997, S. 25 f.; Hervorhebung durch Verfasser)

Die Beantwortung politisch-moralischer Fragen kann sich im Politikunterricht ebenfalls an den drei Dimensionen des Politischen ausrichten und dabei ethische Perspektiven in das Zentrum der politischen Analyse stellen. Unter Berufung auf Sutor werden in Abbildung 1.1 mögliche Dimensionen einer politischen Ethik gekennzeichnet:

Abbildung 1.1 Dimensionen der politischen Ethik nach Sutor

Politikdimension	Ethische Perspektive des Politischen
policy	Ethik der politischen Inhalte und Ziele (Friede, Freiheit, Gerechtigkeit)
polity	Ethik der politischen Institutionen im Sinne einer gerechten Ordnung
politics	Ethik des politischen Handelns (Tugenden, Gewissen)

(eigene Darstellung unter Berufung auf Sutor 1997, S. 54)

Ebenso gelingt es Fischer, in einer Systematik zur angewandten Ethik (siehe Abbildung 1.2) konkrete Problembereiche zu klassifizieren und auf ein „Konzept verantwortungsethischer Politik" zu übertragen (Fischer 2006, S. 28 f.):

Abbildung 1.2 Systematik zur angewandten Ethik nach Fischer

Problemebene	Problemstellung
hermeneutische	Verstehen und Deuten komplexer Handlungen und Situationen, insbesondere im Kontext moderner Technologien
weltanschauliche	Reflexion weltanschaulicher Voraussetzungen und Einstellungen
politisch-ökonomische	Analyse politischer, rechtlicher und ökonomischer Bedingungen, insbesondere hinsichtlich struktureller Dilemmata

(Auszug aus Fischer 2006, S. 29, Abb. 1)[1]

Sowohl mit Blick auf die Entwicklung der politischen Kompetenzen *Handlungs-* und *Urteilsfähigkeit* (GPJE 2004, S. 13 f.) als auch vor dem Hintergrund des problemorientierten Ansatzes in der politischen Bildung bzw. mittels Instrumentalisierung des *Modells der mehrdimensionalen politischen Realität*, wird anhand der dargestellten Problembereiche der direkte Bezug zur politischen Bildungsarbeit,

---

1 Auf die Darstellung der *systematischen Problemebene* wurde an dieser Stelle verzichtet (fehlende zielführende unmittelbare Ableitung für politikdidaktische Zwecke).

insbesondere der Fokus auf die Wertedimension im Politikunterricht, ermöglicht (Deichmann 2004, S. 236). Politische Realität und deren wertebasierte Behandlung im Unterricht können im Hinblick auf politische Ethik von folgendem Denkschema geleitet werden:
Politik und deren Prozesse bestimmen das gesellschaftliche Miteinander. Im politischen Diskurs werden mit Bezug auf das Gemeinwohl die Regeln/Institutionen für ein gerechtes Zusammenleben geschaffen. In diesem Sinne darf politische Ethik nicht mit einer ideologischen Ethik der Überzeugung verwechselt werden (Reese-Schäfer/Mönter 2013, S. 9). Politik muss „einen vernünftigen und im Zweifel eher unaufgeregt kommunizierbaren Werteausgleich zwischen Freiheit und Repression, zwischen Humanität und Rigorosität finden" (ebd.) und wird dabei „zu einer nie endenden Suche nach dem Gral des ‚Gemeinwohls'. Sie wird nicht durch die Wertungen von Personen definiert, die sich am Suchprozess beteiligen. Vielmehr suchen sie etwas, das außerhalb ihrer selbst liegt" (Brennan/Buchanan 1993, S. 61).

2 Politische Ethik und das Bezugssystem Ökonomie (Ökonomische Ethik)

Sowohl mit Blick auf Sutors *Dimensionen der politischen Ethik* (Sutor 1997, S. 54) als auch unter Berufung auf Fischers dargestellte Problembereiche der angewandten Ethik (Fischer 2006, S. 29, Abb. 1) können Fragen der politischen Ethik in einem ökonomischen Kontext stehen und müssen dann in einem solchen behandelt werden. Das heißt, einerseits kann sich die Analyse politischer Inhalte/Ziele (policy), Institutionen (polity) und Handlungen/Prozesse (politics) auf ökonomische Inhalte, Institutionen und Handlungen beziehen, die unter ethischer Perspektive zu bearbeiten sind, andererseits geht es um das ethische Verstehen/Deuten von Handlungen/Situationen (hermeneutische Ebene), das ethische Reflektieren von Voraussetzungen/Einstellungen (weltanschauliche Ebene) und die ethische Analyse von gesellschaftlichen Bedingungen (politisch-ökonomische Ebene) sowohl unter ökonomischem Gesichtspunkt als auch mit Blick auf ökonomische Perspektiven im Rahmen von Politik und deren Prozessen.

Die *mehrdimensionale Betrachtung der politischen Realität* fordert die Einbeziehung des ökonomischen Teilbereichs (Deichmann 2004, S. 93 ff.). Das ökonomische System ist als politisches Teilsystem zu betrachten (Deichmann 2004, S. 89, Abb. 7) und ist als solches (neben allen weiteren Teilsystemen) im Sinne der „‚Ganzheit' politischer Realität" in den politischen Lernprozess der politischen Bildung einzubeziehen (Deichmann 2004, S. 86 f.). Dieses allgemeine Argumentationsmuster ist auf den Bereich der politischen Ethik übertragbar – folglich verkörpert die politische Ethik aufgrund ihrer unterschiedlichen Politikfelder immer dann ökonomische Dimensionen, wenn ökonomische Probleme zum Gegenstand der Politik werden bzw. politische Probleme den ökonomischen Teilbereich tangieren und gleichsam moralischen Urteilen unterworfen werden. Losgelöst von der Anwendung einer eigenständigen *ökonomischen Ethik*[2], ist die Berücksichtigung ökonomischer Dimensionen sowohl im allgemeinen Rahmen der politischen Ethik als auch im Rahmen der Lernprozesse in der politischen Bildung erforderlich.

In diesem Zusammenhang orientiert sich die ökonomische Ethik ebenfalls an der normativen Frage nach dem moralisch einwandfreien Verhalten (vgl. eingangs Fenner 2010, S. 2) und richtet sich an folgender *regulativen Idee* aus: „[D]ie dauerhaft gelingende gesellschaftliche Zusammenarbeit zum gegenseitigen Vorteil" (Suchanek 2007, S. 42).

Im ökonomischen Kontext und mit Blick auf das Leitbild des *mündigen Wirtschaftsbürgers* kann sich diese Frage dann auf das gesamte Spektrum *privater, gesellschaftlicher* und *beruflicher* Lebenssituationen (Albers 1995, S. 3 f.) beziehen. Verfolgt man diesen Gedanken weiter und richtet den Fokus auf einen *mehrdimensional ökonomischen Ansatz*, eröffnet sich ein Entscheidungsfeld, das sich vom verbraucherbewussten Konsumenten über den mündigen Arbeitnehmer bis hin zum Unternehmer als Produzent erstreckt (Engartner 2010, S. 54). Das heißt, im Rahmen der ökonomischen Ethik und im Hinblick auf Politikunterricht müssen die verschiedenen Entscheidungsfelder der jeweiligen Lebenssituationen vor dem Hintergrund des moralisch einwandfreien Handelns analysiert und beurteilt werden. Zunächst geht es hierbei um das grundsätzliche Durchdringen und Bewältigen eines solchen Reflexionsprozesses im Allgemeinen, während man sich im Weiteren in die verschiedenen Problemstellungen der klassischen und tangierenden Forschungsbereiche der Wirtschaftsethik (z. B. Wirtschaftsordnung, Wettbewerb, Unternehmerverantwortung, Umweltschutz und Nachhaltigkeit, Personalpolitik, Globalisierung, Entwicklungshilfe, Verbraucherverhalten usw.) vertiefen kann.

Ausgehend vom Leitbild des *homo oeconomicus* scheinen in der Realität Moral und Eigeninteresse konträr gegenüber zu stehen:

„Das Verhältnis von Moral und Eigeninteresse steht seit je im Mittelpunkt ethischer Überlegungen. Dies zeigt sich auch in alltäglichen Aussagen, in denen moralische Wertungen zum Ausdruck kommen. So wird die Ursache gesellschaftlicher Probleme oft darin gesehen, dass Akteure ihre eigenen Interessen verfolgen ohne Rücksicht auf andere; typische Stichworte sind dann etwa Werteverfall, Profitgier, Egotrip usw. Dem

---

2 Die *ökonomische Ethik* stellt eine separate Bereichsethik dar (Fischer 2006, S. 31) und wird ebenfalls als eigenständige Disziplin betrieben (z. B. Suchanek 2007).

wird Moral entgegengestellt als Handlungsgrundlage, die, wie es scheint, gerade nicht am eigenen Interesse, sondern am Wohlergehen anderer bzw. an moralischen Normen orientiert ist." (Suchanek 2007, S. 47)

Vor diesem Hintergrund versucht man in der ökonomischen Ethik Handlungsbedingungen zu schaffen, die den Gegensatz von Moral und Eigeninteresse aufheben und in Einklang bringen können (Suchanek 2007, S. 49 f.).

Mit Blick auf das Modell des *homo oeconomicus* und dessen Eigenschaften sollen im hermeneutischen Sinne sowohl ein solches grundlegendes Handlungsverstehen für die politische Bildung nachvollzogen als auch ein didaktischer Nutzen herausgestellt werden. Hierbei geht die Frage, inwieweit der *homo oeconomicus* für einen Einsatz als Unterrichtsmodell geeignet ist, gleichsam einher mit der grundsätzlichen Frage aus dem Bereich der ökonomischen Ethik, *"Verdirbt der homo oeconomicus die Moral?"* (Suchanek 2007, S. 184).

3 Der homo oeconomicus – Handlungsverstehen in der politischen Bildung[3]

Der *homo oeconomicus* ist ein ökonomisches Akteursmodell, mit dessen Hilfe sich das menschliche Verhalten des Einzelnen, angewandt auf alle Rollen von Akteuren, abbilden lässt. Er handelt dabei stets *eigennützig, rational* und *nutzenmaximierend* (Hedtke 2008, S. 36). Aufgrund dieser Verhaltensannahmen wird der *homo oeconomicus* zu einem umstrittenen Menschenbild, zu dessen Kritikern selbst Ökonomen zählen – so sei er zum Beispiel „ein Zerrbild, das der Komplexität des menschlichen Handelns nicht gerecht würde" (Frey 1990, S. 20). Die Skepsis für eine entsprechende Anwendung des Modells im Politikunterricht ergibt sich vor allem daraus, dass der *homo oeconomicus* als erzieherisches Leitbild fungieren könnte, welches „eindimensionale ökonomische Entscheidungen" seinem Muster nach verabsolutiert (Famulla 2011, S. 19). Derartige Bedenken werden auch von der „Initiative für eine bessere ökonomische Bildung" (iböb), insbesondere im Rahmen ihrer Kurzexpertise „Für eine bessere ökonomische Bildung" (iböb 2010) als Reaktion auf das Gutachten „Ökonomische Bildung an allgemeinbildenden Schulen. Bildungsstandards, Standards für die Lehrerbildung" (GGW 2010) im Auftrag des „Gemeinschaftsausschusses der deutschen gewerblichen Wirtschaft" (GGW) getragen, indem die unterrichtspraktische Anwendung ethisch unreflek-

---

3 Die Inhalte dieses Abschnitts wurden vom Verfasser bereits im Hinblick auf die Untersuchung der Vereinbarkeit einer Anwendung des *homo oeconomicus* als wirtschaftswissenschaftliches Modell im Politikunterricht bearbeitet (siehe und vgl. Piller 2014, Abschnitt 3.2).

tierter wirtschaftswissenschaftlicher Modelle den *homo oeconomicus* zu einem normativen Leitbild erhebt (iböb 2010, S. 12 sowie Famulla 2011, S. 19). Darüber hinaus darf hinterfragt werden, ob der Einsatz des *homo oeconomicus* möglicherweise Schülerinnen und Schüler dahingehend beeinflusst, in Bezug auf seine Verhaltensannahmen zu resignieren bzw. eigenes egoistisches Verhalten zu legitimieren (Loerwald/Zoerner 2007, S. 3).

Der *homo oeconomicus* muss sich jedoch vor allem in Bezug auf seine Postulate *Eigennutz, Rationalität* und *Nutzenmaximierung* einer niederschmetternden Kritik ausgesetzt sehen. Die Tatsache, dass Menschen Gutes tun, ohne dabei nur an sich zu denken, bzw. mit anderen Menschen mitfühlen und denen selbstlos helfen, widerspricht den Annahmen von Eigennutz und Nutzenmaximierung. Es liegt auch sehr nahe, dass kaum ein Mensch in der Lage ist, per se rational zu handeln. Dies würde bedeuten, dass Menschen sämtliche Möglichkeiten und das Ausmaß ihrer Wahlentscheidungen überschauen können, sämtliche Prognosen wären zutreffend, und der Mensch wäre ein fehlerfreies Wesen. In diesem Zusammenhang ist und bleibt der *homo oeconomicus* ein Modell.

Ansatzpunkte, die die Aussagekraft dieses Modells sowohl argumentativ als auch korrektiv stärken, liefern unter anderem die Vertreter der modernen Institutionenökonomik. Vor diesem Hintergrund kann neben dem Nutzen auch die Notwendigkeit der Einbeziehung des *homo oeconomicus* für die politische Bildung, insbesondere auch unter Werteaspekten, konstatiert werden.

Mit der Etablierung der Neuen Politischen Ökonomie (Public Choice) als Fachdisziplin der modernen Institutionenökonomik hat der *homo oeconomicus* seine ‚angeborenen' Eigenschaften als „Schreckensmann" (Weise 1989) verloren – hierbei steht Eigennutz altruistischen Verhaltensweisen nicht mehr grundsätzlich konträr gegenüber und das Postulat zur vollständigen Rationalität wird zugunsten der begrenzten Rationalität aufgegeben:

„Eigennütziges Verhalten zu unterstellen ist verlässlich; daß die Menschen ihren eigenen Vorteil wahrnehmen ist in aller Regel zu erwarten." (Frey 1990, S. 6) „Die meisten sind eigennützig, während nur wenige gut- oder bösartig sind." (ebd.) Eigennutz ist auch nicht mit Egoismus zu verwechseln. Somit stehen sich Eigennutz und Moral nicht per se konträr gegenüber, was Kruber mit dem Beispiel belegt, dass mit Betrügern, trotz eventueller Vorteile, auf Dauer keine Geschäfte gemacht werden (Kruber 2000, S. 290). Eigennütziges Verhalten schließt auch die Berücksichtigung der Wohlfahrt anderer nicht mehr aus. Kirsch belegt dies anhand von zwei Argumenten, warum ein Mensch beispielsweise Hungernden in der Welt Geld spendet (Krisch 2004, S. 6):

- Im ersten Fall berührt den Spender das Leid der Hungernden und er spendet aus dem Grund, weil es ihm durch die Spende besser geht.

- Im zweiten Fall befürchtet der Spender ansteigende Flüchtlingsströme für Europa und er spendet, um der Abwanderung der Hungernden und dem damit verbunden Risiko (Kosten, Steuern, Gewalt) zu begegnen. (Im Vordergrund steht hierbei zwar das Verhalten der anderen, trotzdem wird die Wohlfahrt der anderen, wenn auch nur mittelbar, beeinflusst.)

Auch im Hinblick auf das unterstellte rationale Verhalten des *homo oeconomicus* liefert Kirsch eine präzisierende Antwort: „Die Grundannahme des Rational Choice besteht darin, dass ein Mensch, wenn er zwischen zwei oder mehreren Alternativen zu wählen hat, sich für jene entscheidet, die ihm am meisten zusagt. Damit ist weder ausdrücklich gesagt noch stillschweigend impliziert, dass seine Entscheidung wirklich jene ist, die er getroffen hätte, wenn er gewusst hätte, ‚was wirklich gut für ihn ist'." (Kirsch 2004, S. 6) Diese Form der Rationalität beim *homo oeconomicus* gleicht Simons Auffassung zur *begrenzten Rationalität* (Simon 1955, S. 113), bei der das Wirtschaftssubjekt als „handelnder Organismus mit begrenztem Wissen und Fähigkeiten" gesehen wird (Simon 1955, S. 114).

Dieses Abgleiten des *homo oeconomicus* in die Erklärbarkeit sämtlicher Alltagsphänomene ist, sowohl für Politik- als auch für Wirtschaftsunterricht, kritisch zu überprüfen. Mayntz bringt eine solche Gefahr auf den Punkt: „Wenn jedwedes menschliches Handeln nachträglich als Ausdruck rationalen Entscheidens interpretiert wird, sodass im Extremfall der Opfertod für andere ebenso wie hasserfülltes Morden als Ergebnis kalkulierender Alternativenwahl zwecks Nutzenmaximierung erscheinen, dann haben wir es nicht mehr mit einer empirischen Theorie zu tun." (Mayntz 2009, S. 71) Jedoch dürfen solche Extreme nicht darüber hinwegtäuschen, dass der heuristische Wert des *homo oeconomicus* aufgrund seiner stark vereinfachten Modellannahmen schlüssige Aussagen liefern kann (Mayntz 2009, S. 71 f.) und eine „Strategie zum Auffinden von Erklärungs- und Lösungsansätzen zur Entschärfung von (gesellschaftlichen) Problemen" (Loerwald/Zoerner 2007, S. 2) verkörpert.

Ein Fokus für die Anwendung des *homo oeconomicus* in der politischen Bildung lässt sich anhand des „Trittbrettfahrer-Dilemmas" eröffnen und als Problem exemplifizieren. Für Schülerinnen und Schüler ergibt sich der Alltagsweltbezug am konkreten Problem der Nutzung öffentlicher Verkehrsmittel ohne hierfür den Fahrpreis zu begleichen (‚Schwarzfahren'). Die Schülerinnen und Schüler werden mittels *homo oeconomicus* erkennen, dass ‚Schwarzfahren' ökonomisch sinnvoller ist, wenn der Erwartungswert aus Entdeckungswahrscheinlichkeit und Höhe der Sanktionen geringer ist als der Preis eines Fahrscheins. Verlässt man mit den Schülerinnen und Schülern diese zunächst individuelle Ebene und erhebt das Problem auf das gesellschaftlich-kollektive Niveau, der Sicherstellung des öffentlichen Nahverkehrs, werden sie erkennen, dass sich die Auswirkungen eines solchen Verhaltens auf Qualität und Quantität des Nahverkehrs bzw. auf Fahrpreise oder Zuschüsse der Kommune auswirken müssen. Unter dieser Perspektive trägt der *homo oeconomicus* wiederum zur Urteilsbildung bei, da sich die genannten Auswirkungen des ‚Schwarzfahrens' ebenfalls auf den individuellen Nutzen und die Kalküle der Schülerinnen und Schüler auswirken. Mittels *homo oeconomicus* werden sie zu einem Spektrum von Einsichten gelangen, die sich zum Beispiel auf höhere Sanktionen/Strafen beziehen, aber auch bis zur Einstellung des Nahverkehrs als Folge reichen können.

Ein ähnliches Problem ergibt sich in der Beurteilung der staatlichen Umverteilung mittels Steuern. Aus individueller Perspektive des *homo oeconomicus* werden ‚Reiche' steuerliche Umverteilungsmaßnahmen ablehnen und bei Wahlen einer solchen Politik den Vorzug geben, die sie vor zu hoher steuerlicher Umverteilung schützt. Auf gesellschaftlich-kollektiver Ebene werden die Schülerinnen und Schüler erkennen, dass auch ‚Reiche' ihr Nutzenkalkül erweitern müssen, wenn gesellschaftliche Missstände aufgrund fehlender Umverteilungsmaßnahmen dazu führen, dass politische Unruhen die Ordnung und Sicherheit der Bürger gefährden. Im Sinne des *homo oeconomicus* müssen nunmehr auch höhere Kosten für die persönliche Sicherheit (Wachdienst, Alarmanlagen, Personenschützer etc.) oder schwindende Möglichkeiten zur Sicherung und Mehrung ihres ‚Reichtums' in das Nutzenkalkül einfließen. Diese Erkenntnisse führen wiederum zu rationellen Einsichten zur Beurteilung des Problems der staatlichen Umverteilung. Die höchste Form einer solchen, auf den *homo oeconomicus* basierenden Einsicht, wäre dann die Überzeugung, Steuerzahlungen als Garant für ein gemeinschaftliches Zusammenleben gern zu akzeptieren, weil es der soziale Friede und die staatlichen Leistungen schlicht und ergreifend ‚wert' sind. Eine auf dieser (ökonomischen) Grundlage entstandene Einsicht, welche für Schülerinnen und Schüler unter Umständen sogar greifbarer ist, steht einem moralisch-außerökonomischen Urteil im Rahmen der politischen Bildung nicht nach – hier zählt das Ergebnis und nicht der Weg des Zustandekommens über beispielsweise anderweitig mögliche politikdidaktische Kategorien wie Gerechtigkeit oder Solidarität. An dieser Stelle und in diesem Kontext jedoch weiter gedacht, wäre es nunmehr auch möglich über den *homo oeconomicus* derartige Kategorien zu thematisieren und das Problem über einen solchen Zugang fortführend unter anderem im Sinne von Multiperspektivität zu erörtern.

Im Ergebnis geht die Anwendung des *homo oeconomicus* eng einher mit der Frage nach den Bedürfnissen der Menschen. Während Bedürfnisse die Grundlage für jedwedes ökonomische Handeln sind, sollten diese bei Inanspruchnahme des *homo oeconomicus* ebenfalls für das politische Handeln fokussiert werden. Der *homo oeconomicus* verkörpert als Modell *eine* ökonomische Perspektive, mit welcher menschliches Handeln erklärt werden soll. Darüber hinaus kann er zu wichtigen Erkenntnissen und Einsichten gerade bei nüchternen bis unmoralischen

Verhaltensweisen von Akteuren beitragen, während die Frage nach dem Handeln im Mittelpunkt steht. Um auf solche Fragen in der politischen Bildung geeignete Antworten finden zu können, sind einfache Modelle notwendig, die auch aus verschiedenen Perspektiven richtige Antworten liefern können.

Der Einsatz des *homo oeconomicus* ist also in mehrfacher Hinsicht als Analysemodell im Politikunterricht zu befürworten:

Der *homo oeconomicus* verkörpert ein standardökonomisches Modell, welches neben einer ökonomischen Perspektive (im Rahmen von Multiperspektivität) auch einen puristisch ökonomischen Fokus widerspiegelt und dem Anspruch von sozialwissenschaftlicher Bildung gerecht wird. Einseitige (ökonomische) Perspektiven, die die Aufgabe haben, einen besonderen Fokus zu erzeugen, sind als solche grundsätzlich nicht abzulehnen. Im Gegenteil, ihre Anwendung ist unter der Maßgabe zu begrüßen, wenn der einseitige Fokus kenntlich gemacht wird (Hedtke 2002, S. 175).

Die Analyse und Beurteilung im politischen Lernprozess fordert die Betrachtung von der *Ganzheitlichkeit der politischen Realität* (Deichmann 2004, S. 86). Hierzu ist es notwendig, sich der gesellschaftlichen Teilbereiche (auch Ökonomie) einschließlich ihrer fachwissenschaftlichen Konzepte/Theorien zu bedienen (z. B. Fischer 1970, S. 43 oder Deichmann 2004, S. 87) und diese im hermeneutischen Sinne für die politische Bildung nutzbar zu machen (Deichmann 2009, S. 175 ff.).

Mittels Erweiterung des Perspektiventableaus für die politische Bildung trägt das Modell des *homo oeconomicus* durch *Kenntnisse, Erkenntnisse* und *Einsichten* (Fischer 1970, S. 91 ff.) zu einer verbesserten Analyse- und Urteilsfähigkeit in der politischen Bildung bei. Die Herstellung von Wertebezügen erfolgt hierbei über die rationalen Aspekte des Modells, welche weiterführende Beurteilungsperspektiven über tangierende politikdidaktische Kategorien auf Werteebene schaffen (Multiperspektivität). Darüber hinaus kann der *homo oeconomicus* als didaktisches Medium fungieren, mit dessen Hilfe beim Aufstellen von individuellen Nutzenkalkülen ökonomische Bewertungen mit moralischen ‚Wertungen' verknüpft werden können.

Im speziellen Fall und unter der Berücksichtigung der Kritik am Modell des *homo oeconomicus* sind Lernende auch mit Modellen zu konfrontieren, die nicht die besten Eigenschaften für ein friedvolles und moralisch einwandfreies Zusammenleben verkörpern. Somit sind auch gesellschaftlich schädliche Umstände durch Aufklärung kenntlich zu machen (Loerwald/Zoerner 2007, S. 3). Der *homo oeconomicus* kann dem Erliegen naiver Moralvorstellungen zuvorkommen (Suchanek 2007, S. 185 f.)[4] und eine worst-case-Perspektive liefern, indem er

---

4 „Kein Manager oder Politiker kann sich in seinem Beruf naive Moral leisten. Deshalb soll gerade vermieden werden, dass diejenigen, die moralisch handeln, dies nur solange tun, so-

ein Menschenbild mit für das soziale Zusammenleben ungünstigen Eigenschaften darstellt. Es dient einer umfänglichen Analyse, auch einen worst-case im Politikunterricht (verkörpert im *homo oeconomicus*) zu behandeln, bzw. auf einen solchen explizit zu verweisen.[5]

„Es bedarf keiner großen Überlegung, um zu erkennen, dass der *Homo oeconomicus* keinesfalls das normative Leitbild für die politische Bildung abgeben darf. [...] Die Zurückweisung des *Homo oeconomicus* als normative Leitfigur für die politische Bildung bedeutet allerdings nicht, die Übernahme von Modellen und Theorien aus der Ökonomik kategorisch abzulehnen." (Detjen 2006, S. 73 f.)

Die Einbeziehung des *homo oeconomicus* in der politischen Bildung verlangt nach der Ausrichtung an einem wirtschaftsethischen Konzept auf Basis einer „lebensdienlichen ökonomischen Vernunft" (Fischer 2006, S. 222). Um einer solchen Vernunft sowohl im Politik- als auch im Wirtschaftsunterricht gerecht zu werden, bedarf es vor allem der Herstellung von ethischen Bezügen, das heißt, der *homo oeconomicus* ist bei der Einbeziehung im Unterricht auf Werteaspekte angewiesen. Der ökonomische Kontext richtet sich hierbei immer an den Punkt, an dem ökonomische Bewertungen zur Bildung von Nutzenkalkülen vorgenommen werden – hier beginnt der Teil der Werteerziehung, der ökonomischen Fehlbewertungen zuvorkommen muss. Folgendes Alltagsbeispiel soll hierzu der Illustration dienlich sein:

Schülerinnen und Schüler können mittels Vergleich von Fahrtkosten (Treibstoffverbrauch vs. Bahnticket) zu der Erkenntnis gelangen, dass Autofahren preiswerter ist als Bahnfahren. Im Rahmen dieses ökonomischen Urteils bzw. dieser ökonomischen Bewertung können jedoch Fehler unterlaufen:

1) Der Kostenvergleich ist unvollständig, weil der Treibstoffverbrauch nicht die tatsächlichen Kosten des Autofahrens widerspiegelt (z. B. Auslassen von Fixkosten)
2) Der Kostenvergleich ist dahingehend unvollständig, solange keine weiteren Kosten für individuelle Umweltverschmutzung durch Abgase bei der Beförderung sanktioniert werden (siehe externe Effekte). Hierbei könnten Bahnfahrten deutlich besser abschneiden als die Personenbeförderung im PKW.

---

lange sie nicht darüber nachdenken; sowohl das Eigeninteresse als auch die Moral bedürfen in der modernen Gesellschaft der Aufklärung." (Suchanek 2007, S. 185 f.)

5 „Auf diese Weise kann gerade eine Analyse mit Hilfe des homo-oeconomicus-Ansatzes Gefahrenstellen für die Tragfähigkeit moralischer Standards aufzeigen, wenn sie deutlich machen kann, wo normgebundenes Verhalten in anonymen gesellschaftlichen Kontexten durch Trittbrettfahrer ausbeutbar ist." (Loerwald/Zoerner 2007, S. 3)

3) Die moralische Bewertung bleibt im Nutzenkalkül außen vor oder hält dem ökonomischen Kostenvergleich nicht stand. Das heißt, die individuelle Einstellung, zum Beispiel in Bezug auf Umweltverschmutzung, ist nicht adäquat ausgeprägt (‚unterbewertet') und steht Aspekten wie zum Beispiel Komfort und Bequemlichkeit entgegen (‚Überbewertung'). An dieser Stelle eröffnet sich die Dimension der Werteerziehung im ökonomischen Kontext.

Vor dem Hintergrund der Übertragbarkeit dieses Beispiels auf andere Sachverhalte muss konstatiert werden, dass derartige Fehler bei der Bildung ökonomischer Urteile unter Verwendung des *homo oeconomicus* nicht dem Modell geschuldet sind. Neben Fehlinterpretationen ökonomischer Zusammenhänge liegen Fehlerquellen einerseits in den unterschiedlichen Ausprägungen von Anreizen, andererseits in Divergenzen in der Ausprägung von individuellen Bewertungsmaßstäben. Die Tragfähigkeit des *homo oeconomicus* wird sowohl im Politik- als auch im Wirtschaftsunterricht leiden müssen, wenn bei der Bildung von umfassenden Nutzenkalkülen lediglich bezifferbare Kosten herangezogen werden, Fehlanreize unberücksichtigt bleiben und inadäquate ‚Wertungen' vorgenommen werden. Im Rahmen von Werteerziehung gilt es, mittels Herstellung von Wertebezügen (ethische Dimension) dem letztgenannten Problem zu begegnen und damit den Gegensatz von Moral und Eigeninteresse aufzuheben. Illustrativ überzeugt an dieser Stelle das weit verbreitete Zitat von Oskar Wilde: *„Heutzutage kennen die Menschen den Preis von allen Dingen und den Wert von keinem."* (Wilde 1890/1985, S. 65)

Die Forderung nach einer umfassenden Bildung von Nutzenkalkülen unter Berücksichtigung von Werteaspekten bei der ‚Bewertung' politischer Sachverhalte ist vor dem Hintergrund der Verwendung des *homo oeconomicus* in der politischen Bildung unumgänglich. (Gleichwohl diese Forderung auch an die Wirtschaftskunde zu richten ist!) Die eingangs eröffneten Beispiele zum Trittbrettfahrer-Problem oder zur staatlichen Umverteilung haben die Lesart einer adäquaten ‚Bewertung' bereits impliziert. Auch hier flossen derartige Werteaspekte bereits in die Analyse und Beurteilung des Problems ein – der ‚Wert' des ÖPNV als Mobilitätsgarant für die breite Bevölkerung oder der ‚Wert' einer friedlichen und sozialen staatlichen Ordnung. Das Zustandekommen solcher umfassenden Nutzenkalküle lässt die Grenzen des rein ökonomischen ‚Wertes' mit dem moralischen Urteil verschwimmen. Der *homo oeconomicus* fungiert als didaktisches Medium, mit dessen Hilfe beim Aufstellen von Nutzenkalkülen ökonomische Bewertungen mit moralischen ‚Wertungen' verknüpft werden können. Das heißt, für Politikunterricht steht nicht die Instrumentalisierung des *homo oeconomicus* in Frage, sondern das Problem der umfassenden Bildung von Nutzenkalkülen, einschließlich ihrer zugrunde liegenden Bewertungsmaßstäbe, die sich im Hinblick auf Wertungen, Werte und moralische Urteile auch auf ethischer Dimension ausdehnen. Um der zielgerichteten Anwendung des *homo oeconomicus*, einschließlich der Nutzung seiner Vorteile, gerecht zu werden, ist es hierbei notwendig, im Rahmen des Modells einerseits ökonomische Bewertungsmaßstäbe (Preise, Kosten, Anreize, Sanktionen usw.) zu vermitteln und andererseits gleichsam Werteerziehung im Hinblick auf nicht bezifferbare ‚Werte' und moralische Wertungen zu betreiben.

Literaturverzeichnis

Albers, Hans-Jürgen. 1995. Handlungsorientierung und ökonomische Bildung. In *Handlungsorientierung und ökonomische Bildung*, hrsg. Hans-Jürgen Albers, 1–22. Bergisch Gladbach: Hobein.
Brennan, Geoffrey/Buchanan, James. 1993. *Die Begründung von Regeln: Konstitutionelle Politische Ökonomie*, Tübingen: Mohr.
Deichmann, Carl. 2004. *Lehrbuch Politikdidaktik*, München: Oldenbourg Wissenschaftsverlag.
Deichmann, Carl. 2009. Hermeneutische Politikdidaktik und qualitative Forschung. In *Standortbestimmung Politische Bildung*, hrsg. Heinrich Oberreuter, 175–194. Schwalbach/Ts.: Wochenschau Verlag.
Detjen, Joachim. 2006. Wie viel Wirtschaft braucht die politische Bildung? In *Politik und Wirtschaft unterrichten*, hrsg. Georg Weißeno, 62–79. Bonn: Bundeszentrale für politische Bildung.
Engartner, Tim. 2010. *Didaktik des Ökonomie- und Politikunterrichts*, Paderborn: Schöningh.
Famulla, Gerd-E. 2011. „Weil sich die Lebenswelt ökonomisiert ..." Ökonomische Bildung aus Sicht der Wirtschaftsverbände, Initiative für eine bessere ökonomische Bildung. http://www.iboeb.org/uploads/media/famulla_oekon-bildung_wp2.pdf. Zugegriffen: 27. August 2011.
Fenner, Dagmar. 2010. *Einführung in die angewandte Ethik*, Tübingen: UTB.
Fischer, Kurt Gerhard. 1970. *Einführung in die Politische Bildung*, Stuttgart: J. B. Metzlersche Verlagsbuchhandlung.
Fischer, Peter. 2006. *Politische Ethik. Eine Einführung*, München: UTB.
Frey, Bruno. 1990. *Ökonomie ist Sozialwissenschaft. Die Anwendung der Ökonomie auf neue Gebiete*, München: Vahlen.
Gemeinschaftsausschusses der deutschen gewerblichen Wirtschaft (GGW). 2010. Ökonomische Bildung an allgemeinbildenden Schulen. Bildungsstandards, Standards für die Lehrerbildung. Studie im Auftrag des Gemeinschaftsausschusses der deutschen gewerblichen Wirtschaft (GGW) unter Vorsitz des Zentralverbandes des deutschen Handwerks (ZDH), Autoren: Hans-Carl Jongeblod, Bernd Remmele, Thomas Retzmann und Günther Seeber. http://www.zdh.de/fileadmin/user_upload/presse/Pressemeldungen/2010/Gutachten.pdf. Zugegriffen: 11. März 2011.

Gesellschaft für Politikdidaktik und politische Jugend- und Erwachsenenbildung (GPJE). 2004. *Nationale Bildungsstandards für den Fachunterricht in der Politischen Bildung an Schulen. Ein Entwurf,* Schwalbach/Ts.: Wochenschau Verlag.

Hedtke, Reinhold. 2002. Die Kontroversität in der Wirtschaftsdidaktik. *Gesellschaft – Wirtschaft – Politik (GWP),* Heft 1/2002: 173–184.

Hedtke, Reinhold. 2008. *Ökonomische Denkweisen. Eine Einführung. Multiperspektivität – Alternativen – Grundlagen,* Schwalbach/Ts.: Wochenschau Verlag.

Initiative für eine bessere ökonomische Bildung (iböb). 2010. Für eine bessere ökonomische Bildung! Kurzexpertise zum Gutachten „Ökonomische Bildung an allgemeinbildenden Schulen. Bildungsstandards und Standards für die Lehrerbildung im Auftrag des Gemeinschaftsausschusses der Deutschen Wirtschaft" vom November 2010, http://www.iböb.org/uploads/tx_sbdownloader/Bessere_oekonomische_Bildung.pdf. Zugegriffen: 11. März 2011.

Jung, Eberhard. 2008. Wirtschaftssubjekt und Staatsbürger: Ergänzende Leitbilder und Konzepte politische und ökonomische Bildung. In *Politische und ökonomische Bildung. Konzepte – Leitbilder – Konzeptionen,* hrsg. Gerd Steffens und Benedikt Widmaier, 38–55. Wiesbaden: Hessische Landeszentrale für politische Bildung.

Kirsch, Guy. 2004. *Neue Politische Ökonomie,* 5. überarbeitete und erweiterte Auflage, Stuttgart: Lucius & Lucius.

Kruber, Klaus-Peter. 2000. Kategoriale Wirtschaftsdidaktik – der Zugang zur ökonomischen Bildung. *Gegenwartskunde* 3/2000, 49. Jg.: 285–295.

Loerwald, Dirk/Zoerner, Andreas. 2007. Der homo oeconomicus. Eintrittskarte statt Hindernis für ökonomische Bildung. *Unterricht Wirtschaft,* Heft 29, 1/2007: 2 f.

Mayntz, Renate. 2009. *Sozialwissenschaftliches Erklären. Probleme der Theoriebildung und Methodologie,* Frankfurt/Main: Campus Verlag.

Piller Steffen. 2014. *Ökonomie in der schulischen politischen Bildung: Die Integration ökonomischer Aspekte unter besonderer Berücksichtigung der modernen Institutionenökonomik.* Dissertation: Friedrich-Schiller-Universität Jena.

Reese-Schäfer, Walter/Mönter, Christian. 2013. *Politische Ethik. Philosophie, Theorie, Regeln,* Wiesbaden: Springer VS.

Schlösser, Hans-Jürgen. 2008. Homo oeconomicus. In *Wörterbuch Ökonomische Bildung,* hrsg. Reinhold Hedtke und Birgit Weber, 159 f. Schwalbach/Ts.: Wochenschau Verlag.

Simon, Herbert. 1955. A Behavioral Model of Rational Choice. *Quarterly Journal of Economics,* Vol. 69, No. 1: 99–118.

Suchanek, Andreas. 2007. *Ökonomische Ethik,* 2. Aufl., neu bearbeitet und erweitert, Tübingen: UTB.

Sutor, Berhard. 1997. *Kleine politische Ethik,* Opladen: Leske + Budrich.

Weise, Peter. 1989. Homo oeconomicus und homo sociologicus. Die Schreckensmänner der Sozialwissenschaften. *Zeitschrift für Soziologie (ZfS),* Jg. 18, Heft 2, April 1989: 148–161.

Wilde, Oscar. 1890/1985. *Das Bildnis des Dorian Gray,* Frankfurt/Main: insel taschenbuch.

Das Moralische im wirtschaftlichen Handeln – ein Thema für den Politikunterricht?[1]

Christian Schmidt

1 Einleitung

In den Beschreibungen des „Weg[es] zur Knechtschaft" machte der österreichische Nationalökonom Friedrich August v. Hayek vor über 70 Jahren deutlich, dass wirtschaftliche Freiheit mit persönlicher Freiheit einhergeht; umgekehrt, dass allen planwirtschaftlichen Überlegungen eine Tendenz zum Totalitarismus innewohnt. Arbeitete Hayek in diesem Werk vor allem seine Überlegungen resultierend aus den zwanziger und dreißiger Jahren auf, so stieß er unweigerlich auch auf eine Betrachtungsebene, die als Werteebene zu bezeichnen ist. Dies erscheint nur logisch, betrachtet man Freiheit als Selbstbestimmung und als Grundlage für eine Lebensweise, in der die Individuen ihr Leben selbstverantwortlich führen und in diesem auf ihre je eigene Weise nach Zufriedenheit in der Gemeinschaft streben. Eindrucksvoll liest man:

> „Gerade aus diesem Grunde ist es wahrscheinlicher, daß in einer Gesellschaft, die sich zum Totalitarismus entwickelt, die Skrupellosen und Abenteurer in ihrem Element sein werden. Wer das nicht sieht, hat noch immer nicht ganz begriffen, welch tiefer Abgrund den Totalitarismus von einem liberalen Regime trennt und welch unüberbrückbarer Graben zwischen der ganzen geistig-moralischen Atmosphäre des Kollektivismus und der im Kerne individualistischen Kultur des Abendlandes klafft." (Hayek 2001, S. 174)

---

[1] Der Aufsatz liefert eine didaktische Begründung und weiterführende Überlegungen zu einem Unterrichtswerk des Autors; Christian Schmidt (2014): Wirtschaft und Moral – ein Widerspruch?, Freising 2014 (Stark-Verlag für Unterrichtsmaterialien).

Heute, nach den Zerrüttungen durch die Weltwirtschaftskrise zu Beginn des Jahrtausends, deren Folgen noch immer spürbar sind, trauen sich wahrscheinlich nur noch besonders Mutige und als Neo-Liberale gebrandmarkte, den Zusammenhang von wirtschaftlicher und persönlicher Freiheit in einer Weise zu beschreiben, wie dies der spätere Nobelpreisträger getan hat. Wege in die Knechtschaft sieht der gesellschaftliche Mainstream gegenwärtig vor allem durch einen sich ausbreitenden freien, d. h. nicht regulierten Finanzmarkt samt seiner Akteure und weiteren Wirtschaftssubjekten. Überlegungen, wonach ökonomische Probleme am besten durch freie Märkte gelöst werden und der Anteil des Staates zurückzuführen sei, sind heute noch weniger mehrheitsfähig als je zuvor, wenn nicht gar marginalisiert.

Globale ökonomische Wandlungsprozesse sind dafür verantwortlich, dass den Überlegungen der nationalökonomischen Klassiker, beginnend mit der unsichtbaren Hand von Smith über Hayek, Friedman u. v. m., ihr Erklärungswert und ihr Modellcharakter abgesprochen wurde. Ganz offensichtlich taugten diese vom rationalen Denken der Individuen ausgehenden Überlegungen nur im nationalstaatlichen Kontext dazu, wirtschaftliche und persönliche Freiheit übereinzubringen. In der globalisierten Ökonomie hingegen – so wird durchaus plausibel argumentiert – koppeln sich das Gewinnstreben eines Unternehmers und seine Verantwortung für die Arbeiter, Umwelt und Sicherheit dadurch voneinander ab, dass der eine, nämlich der global agierende Unternehmer, die weltweite Freizügigkeit zur Vermehrung seines Gewinnes nutzen kann, der andere, der Arbeiter und Angestellte aber auch kleine und mittelständische Betriebseigentümer, hingegen nur in sehr begrenztem Umfang. Verschärft wird dieses Auseinanderdriften zudem durch die immer größer werdende Zahl an Produkten, die als Finanz- oder Versicherungsgüter quasi per Mausklick an andere Standorte verlagert werden können. Dass in diesem Kontext die Moralfrage gestellt wird, erscheint nur logisch. Und dass in diesem Zusammenhang auch von den politischen Entscheidungsträgern überlegt wird, wie sich ein Mehr an Verantwortungsbewussten im Verständnis von moralischen Handlungsweisen kodifizieren lässt, wird auch nachvollziehbar.

Hier wird bereits die Schnittmenge der gesellschaftlichen Teilbereiche Politik und Ökonomie deutlich, die beide auch durch Fragen zur Wertgebundenheit von Systemen und Institutionalisierungen geprägt sind. *Das Moralische im wirtschaftlichen Handeln – ein Thema für den Politikunterricht?* ist demzufolge eine rhetorische Frage, weil die Antwort nur positiv beantwortet werden kann. Im folgenden Aufsatz geht es folglich auch nur zu Beginn darum, didaktisch zu umrahmen, warum das im Titel genannte Thema Unterrichtsgegenstand im Allgemeinen und Gegenstand der politischen Bildung im Besonderen ist. Weitergehend wird hier aufgezeigt, welchen Weg die Politikdidaktik hier noch weiter konzeptualisieren muss, wo ein solcher Unterricht curricular zu platzieren ist, wie er zu strukturieren ist und wie die Schülerinnen und Schüler davon profitieren.

2 Ein Thema für Schule und Politikunterricht

2.1 Ein Thema für die Schule

„Wer nichts weiß, muss alles glauben", lautet der Titel dreier Physiker, den sie für ein Buch ausgewählt haben, das die Gesetzmäßigkeiten des Faches und den Nutzen für jedermann erklären will. (Gruber et al. 2010) Was hier für die Naturwissenschaften gilt, muss ebenso für die Gesetzmäßigkeiten der Sozial- und Verhaltenswissenschaften Prinzip sein. Auch hier ist die Kenntnis von Zusammenhängen und grundlegenden Erklärungsmodellen unabdinglich, will man sich nicht zum Sklaven der Meinungs- und Deutungshoheit Dritter machen, oder anders: will man aus seiner selbstverschuldeten Unmündigkeit austreten. Und dies ist notwendig, betrachtet man die Meinungsführerschaft, die sich seit der Weltwirtschaftskrise und innerhalb der Euroschuldenkrise in beiden Lagern profiliert. Da gibt es in den Eliten von Politik, Wirtschaft, Wissenschaft und Philosophie diejenigen, die dem freien Marktprozess schon immer kritisch gegenüberstanden und die sich jetzt in ihrer Annahme des *homo oeconomicus* als wildem, nicht zu bändigendem Ungeheuer bestätigt fühlen. Und auf der anderen Seite finden sich die ein, die weiterhin postulieren, dass gesellschaftlichen Problemlagen am geeignetsten durch noch weniger Kontrolle beizukommen sei; Probleme vielmehr hausgemacht sind, weil staatliche Eingriffe zu Verzerrungen und damit zu Reibungs- oder Wohlstandsverlusten im Marktprozess führen.[2] Sich hier zu positionieren, erfordert Kenntnisse, weitergehend Erkenntnisse und Einsichten:

- zum Marktprozess und zu Alternativen zu der auf dem freien Austausch basierenden Wirtschaftsordnung,
- zur Notwendigkeit der Wertgebundenheit von Organisation und Institutionalisierung des menschlichen Lebens in der Gemeinschaft,
- letztlich zu politischen Gestaltungsmöglichkeiten zur Verhinderung ungewünschter Resultate.

Die im Bildungssystem ausdifferenzierten schulischen Bereiche Ökonomie, Ethik/ Philosophie und *Politik* werden sichtbar; oder für die Bundesländer, in denen diese Teilbereiche integrativ unterrichtet werden: die Umrisse der Fächer Sozialkunde bzw. Gemeinschaftskunde. Deutlich wird aber auch, dass durch die ge-

---

2 Verwiesen wird hier exemplarisch auf eine in der Süddeutschen ausgetragene Debatte zwischen Heribert Prantl und Marc Beise, die in entgegengesetzter Weise das *Evangelii gaudium/ Die Freude des Evangeliums* von Papst Franziskus am 30.11.2013 und am 7.12.2013 kommentiert haben.

nannte Themenstellung *Schule und Unterricht* als Ganzes betroffen sind. Der moralischen Frage nach dem Nord-Süd-Gefälle kommt man ohne erdkundlichen Themen nicht bei; die Ausbeutung von Umwelt und Ressourcen ist eine moralisch fragwürdige ökonomische Handlungsweise, zu deren vollständiger Bewertung man auf Kenntnisse der Biologie und der Geographie angewiesen ist; die ethische Betrachtung der Globalisierungsverlierer (auch im eigenen reichen Land) kann nur fundiert gelingen, wenn soziologische und sozialstaatliche Parameter, unter Umständen sogar mathematische Fähigkeiten, einbezogen werden. Fremdsprachliche Kenntnisse werden erforderlich, will man die politische und ökonomische Kultur anderer Länder in den Fokus setzen, um z. B. die Frage zu beantworten, warum sich Großbritannien in energischer Weise gegen eine Finanzmarkttransaktionssteuer wehrt, durch die zumindest die Folgen ökonomischer Exzesse gemildert werden können.

Blickt man auf Klafkis epochale Schlüsselprobleme, so wird erkennbar, dass die Frage nach dem Moralischen im wirtschaftlichen Handeln zu nahezu allen dieser formulierten Problemstellungen hinführen kann: Frieden, Umwelt, Gerechtigkeit, Demokratisierung, Folgen der technischen Entwicklung, Leben in der Dritten Welt. (Klafki 1996, u. a. S. 56 ff.) Gerade, weil es diese Schlüsselprobleme sind, die definitionsgemäß solche Bildungsinhalte darstellen, die für einen langen Zeitraum, d. h. in das Leben der Schüler hineinragend, eine enorme Bedeutsamkeit haben und Lösungsoptionen erscheinen lassen, ohne jedoch Lösungen vorzugeben, sollten sie Gegenstand schulischer Bildungsarbeit werden. Blickt man neben Klafki gleichzeitig auf eines der publizistischen Highlights des Jahres 2012, so stellt man erstaunliche Übereinstimmungen fest und der Nachweis schulischer Relevanz wird erhärtet. Michael Sandel (2012) legt hier überzeugend die Grenzen des Marktprinzips dar, im Demokratieprinzip, im Prinzip der Ökologie, im Prinzip der Menschenwürde und des besonderen Schutzes von Kindern.

Ein Thema für Schule und Unterricht – allemal! Aber für das nach Disziplinen und Unterrichtsstunden ausdifferenzierte Schulwesen stellt sich die Frage, wo der genannte Unterrichtsgegenstand am ehesten zu verorten ist, sofern man nicht die Möglichkeit hat, ihn im Rahmen eines interdisziplinären Projektes an die Lernenden weiterzugeben.

2.2 Ein Thema für den Politikunterricht

Dass die Fragen nach dem Moralischen im wirtschaftlichen Handeln innerhalb der politischen Bildungsarbeit zielführend zu beantworten sind, liegt mit Blick auf folgende Konzeption der ökonomischen Bildung nahe:

"Interessenkonflikte manifestieren sich in unterschiedlicher Ausprägung auf der Ebene von Interaktionen im Wirtschaftsgeschehen. Es ist Aufgabe des Institutionen- und Regelsystems einer Gesellschaft, und damit der Erklärungsgegenstand der Institutionentheorie, Rahmenbedingungen zu erkennen und im wirtschaftlichen und politischen Prozess zu schaffen, die es den Akteuren ermöglichen, ihre konfligierenden Interessen in einer Dilemmasituation so aufzulösen, dass es schließlich doch zu einer Kooperation zum gegenseitigen Vorteil kommt. Durch Appelle an moralisches Verhalten sind Dilemmastrukturen hingegen nicht aufzulösen. Ohne ordnungspolitisch abgesicherte Sanktionsdrohungen führen moralische Appelle in der Regel nur zu einer Bestrafung derjenigen, die sich freiwillig an die Rahmenbedingungen halten und von den anderen ausgebeutet werden." (Kaminski/Eggert/Burkard 2008, S. 9)

Vor dem Hintergrund dieser Aussage wird in den Konzepten *Interesse, Institution- und Regelsystem, Dilemma* und *Ordnungspolitik* besonders deutlich, warum der Politikunterricht für ein so angedachtes Thema der richtige, d. h. der zentrierende Ort ist und fächerübergreifende Arrangements von hier aus gedacht werden müssen. Verbergen sich hinter den Begriffen doch politikdidaktisch Konzeptionen, die je nach Lesart als Basiskonzepte o. a. bereits ausgearbeitet und etabliert sind. Grundlegend für alle ist das (stark utilitaristische) Verständnis, Regelungen zu etablieren, durch die Anreize für normkonformes Handeln gesetzt und Sanktion für normwiderstrebendes Handeln durchgesetzt werden. Seit der englischsprachigen Begründung dieser Theorie orientieren sich Vertreter an der Vorstellung, wonach der Staat durch Gesetzgebung für die größtmögliche *happiness* der Bevölkerung zu sorgen hat. Und auch die Politikwissenschaft und ihre -didaktik gehen hiervon aus, unter anderem mit dem Modell des Politikzyklus. Entsprechend lautet also die Frage in diesem Kontext nicht: *Wie setzen wir die Ökonomie gerecht um?* sondern: *Wie setzen wir Gerechtigkeitserwägungen so durch, dass sie sich auch wirtschaftlich lohnen?* (Vgl. Hannemann et al. 2013, S. 164, 165)

Mit einem etwas anderen Blick auf eine konzeptionelle Überlegung des Ethikunterrichts als Wertevermittlung wird ebenso deutlich, warum das Moralische im wirtschaftlichen Handeln eine von der politischen Bildung ausgehende Überlegung sein kann:

"Vor allem […] sei die Bereitschaft, durch eigenes Handeln das als richtig Erkannte in die Tat umzusetzen, verlässlich gesichert. […] Derjenige, der um das Gute weiß, tut es auch." (Pfeifer 2009, S. 303)

In einer solchen Lesart ist die utilitaristische Begründung für einen moralgeleiteten Ökonomieunterricht innerhalb der politischen Bildung untergeordnet. Vielmehr stehen hier Überlegungen im Zentrum, die auf die philosophische Tradition des deutschsprachigen Idealismus zurückgehen; dass nämlich menschliches Handeln aus Vernunftprinzipien heraus zu begründen und zu beurteilen ist. Und auch die Politikwissenschaft und das ihr untergeordnete Schulfach zur politischen Bildung ist in diesem Sinne normativ. Politisches Bewusstsein als Zielperspektive der schulischen und außerschulischen politischen Bildung beschreibt folgendermaßen einen „Idealbegriff" richtigen Bewusstseins, der sich von einem falschen politischen Bewusstsein abgrenzen lässt (Vgl. Lange 2007, S. 206), und der sich zunächst im Unterricht etablieren muss, weil er später eben „aus der moralischen Substanz des einzelnen und der Homogenität der Gesellschaft reguliert [und…] nicht mit den Mitteln des Rechtszwanges und autoritativen Gebots zu […] suchen ist, […]." (Böckenförde 1976, S. 60) Entsprechend kann an dieser Stelle die Dichotomie zugunsten der Frage *Wie setzen wir die Ökonomie gerecht um?* gewendet werden.

Neben diese beiden Sichtweisen tritt zur Begründung der politischen Bildung als demjenigen Fach, das auch ökonomische Fragen in der Perspektive der Moral zum Gegenstand hat, eine weitere, nämlich aus der Interdependenz des politischen mit dem ökonomischen System resultierend. Wenngleich das politische System auch mit weiteren (im Prinzip mit allen) Teilbereichen gesellschaftlichen Lebens in Beziehung steht, so wird mit dem Fokus auf die Auflistung von Detjen/Kruber (2007, S. 36 ff., zit.: in Piller 2013, S. 58) die besondere Abhängigkeit von Politik und Wirtschaft deutlich: Zunächst bilden ökonomische Prozesse die Voraussetzungen für politisches Handeln; weiterhin haben ökonomische Prozesse Auswirkungen auf die Stabilität von Regierung und Staat; letztlich trifft Politik wesentliche Weichenstellungen für die Wirtschaftsordnung eines Landes. Im Beispiel bleibend kann aufgezeigt werden, dass die Frage nach dem moralischen Gehalt wirtschaftlicher Handlungen auf die politische Agenda gerückt ist, nachdem sich die amerikanische Immobilienkrise zur Weltwirtschaftskrise entwickelte und mit ihr das Ausmaß fragwürdiger betriebswirtschaftlicher Entscheidungen sichtbar wurde, das dann auch volkswirtschaftlich und eben auch politisch folgenreich war. In einigen Ländern der Europäischen Union stellten sich diese Folgen auch so gravierend dar, dass die Stabilität der politischen Systeme insgesamt infrage gestellt wurde: wer die Bilder der (auch blutigen) Auseinandersetzungen in Griechenland vor Augen hat, kann dies nicht leugnen. Und wenn gegenwärtig über neue Regularien zur Zivilisierung der Finanzmarktbranche nachgedacht wird, ist das nicht mehr als der Versuch, die Wirtschaftsordnung dergestalt zu ändern, dass ethische Verfehlungen möglichst nicht mehr auftreten können. Es bleibt bisher nur die Frage, ob hierfür der Weg von Regeln und Sanktionen eingeschlagen werden soll oder ob vielmehr Einsichten aller Akteure notwendig sind, um Fehlverhalten zu verhindern, ohne die freiheitliche Ordnung durch ein Zuviel an Zwangsmitteln zu gefährden. (Vgl. Böckenförde, ebd.)

2.3 Ein Thema, das neu gedacht werden muss!

„Gehirnwäsche!" (Klein 2012, S. 71) So lautet der Titel der Zeitschrift DIE ZEIT mit Blick auf die ökonomische Bildung in der Bundesrepublik. In Anlehnung an Studien des Georg-Eckert-Instituts für internationale Lehrbuchforschung zeigt der Autor auf, dass Wirtschaft hierzulande deutlich zu stark vom Staat her gedacht und entsprechend in den Lehrwerken präsentiert wird. Und in der Tat wird festgestellt:

> „Freiheits- und Anspruchsrechte im Sinne von ökonomischer Freiheit und sozialer Sicherung werden gegeneinander abgewogen und eher zugunsten des Wohlfahrtsstaats und der sozialen Marktwirtschaft interpretiert. Die Generierung von Wohlstand geht in dieser Sichtweise weniger von einzelnen Unternehmern bzw. der freien Wirtschaft als vom Staat aus, der die wirtschaftlichen Rahmenbedingungen schafft. Leitmotive im Rahmen dieses Themenbereichs sind also vor allem der Primat des Politischen, den viele deutsche Schulbuchautoren als erhaltenswert einstufen, der ihnen aber durch die globalisierte Wirtschaft bedroht zu sein scheint. (Grindel et al. 2007, S. 88)

Nimmt man diese Aussagen als gegeben und verweist auf den normativen Bezug der Politikdidaktik, so muss das Thema Wirtschaft und Moral nicht nur Gegenstand der politischen Bildung sein, sondern hier auch anders als bisher gedacht werden. Wenngleich es nachvollziehbar ist, dass Politikunterricht die Wertgebundenheit der Wirtschaftsordnung aus den Begriffen *Sozialstaatsprinzip, Soziale Marktwirtschaft, Gemeinwohlverpflichtung des Eigentums* und *Organisationsfreiheit* herleitet, so muss diese Perspektive mindestens um eine in den angelsächsischen Ländern dominierende ergänzt werden. Hier werden die Eigeninitiative und die damit verbundene Eigenverantwortlichkeit des Individuums deutlicher herausgestellt (Ebd.). Dies erscheint für die ausgewogene Betrachtung des Gegenstands notwendig, um Konsequenzen aus der Wirtschafts- und Finanzmarktkrise nicht nur bei den Unternehmen suchen zu wollen. Vielmehr muss sich jeder Bürger, mithin auch die Lernenden, damit auseinandersetzen, welchen Beitrag er dazu leisten kann, ökonomische Verwerfungen für die Zukunft zu verhindern. Und wenn sich der Fokus auf den Staat als Akteur richtet, müssen im Sinne einer der Komplexität gerecht werdenden Kontroversität auch Folgen staatlicher Entscheidungen deutlich stärker herausgestellt werden. An dieser Stelle muss der in der Politikdidaktik etablierte Beutelsbacher Konsens Garant dafür werden, dass in Gesellschaft und Wissenschaft Umstrittenes auch als umstritten dargestellt wird, dass der Komplexität Raum gegeben wird und dass niemand in seiner Urteilsfindung beeinflusst wird.

3 Platzierung und Strukturierung

So wenig wie die hier begründete Themensetzung explizit als Gegenstand der Lehrpläne zur politischen Bildung in den Bundesländern genannt ist, so breit ist sie hingegen in den curricularen Vorgaben zum Politikunterricht anschlussfähig. Nicht zuletzt aus der Tatsache resultierend, dass durch einen solchen Unterricht sozialwissenschaftliches Orientierungswissen ebenso wie Einsichten in die politische Komplexität und entlang der großen politikwissenschaftlichen Kategorien (Freiheit, Gerechtigkeit etc.) generiert werden, muss diese Anschlussfähigkeit genutzt werden. Begründungen wie das Aktualitätsgebot unterstützen dies.

Exemplarisch wird aufgezeigt, wo eine Unterrichtsreihe zum genannten Gegenstand – auch administrativ – zu rechtfertigen ist. Weil der Lehrplan für das Unterrichtsfach Sozialkunde in Rheinland-Pfalz eine Anpassung im Jahr 2011 erfahren hat, ließe sich der umschriebene Unterricht dort am deutlichsten, nämlich als eigenständiger Inhalt, verorten. „Die Schülerinnen und Schüler sollen [hier] die Ursachen der Finanz- und Wirtschaftskrise verstehen, Wege aus der Krise beurteilen und beurteilen, inwiefern Lehren […] gezogen wurden." (MBWWK 2011, S. 100) In weiteren Rahmenvorgaben ist eine Einordnung im Rahmen der genannten fachdidaktischen Prinzipien jedoch ebenso möglich. „Der Schüler kann […] Werturteile und deren mögliche Folgen miteinander vergleichen und systematisch Entstehungs- und Begründungszusammenhänge reflektieren […]", heißt es bspw. im Thüringer Lehrplan (TKM 2009, S. 9/10)und in Nordrhein-Westfalenwird angeführt: „Zum Leitbild des Faches gehören die sozialwissenschaftlich gebildeten, zur demokratischen Auseinandersetzung und zur reflektierten Teilhabe fähigen mündigen Bürgerinnen und Bürger – als mündige Staatsbürgerinnen und -bürger, als mündige Wirtschaftsbürgerinnen und -bürger sowie als mündige Mitglieder vielfältiger gesellschaftlicher Gruppierungen." (MSWNRW 2013, S. 10) Allen Vorgaben ist gemeinsam, dass sie als Ausgangspunkt und vor allem als Zielperspektive den verantwortlich handelnden Bürger (auch innerhalb seiner ökonomischen Handlungen) darstellen. Lernen hat demnach ein bestimmtes Verhalten des Schülers zum Gegenstand. Deshalb – und um einer einseitig moralisierenden und Unternehmen kritisierenden Unterweisung – vorzubeugen, sollte ein Unterrichtsarrangement hier auch zunächst beim Schüler ansetzen und nach dessen moralischer Abwägung bei ökonomischen Handlungen fragen.

Von hier ausgehend wird die Interdependenz des Akteurs Haushalt mit den anderen Wirtschaftsakteuren schnell deutlich und es kann gelingen, einen kontroversen Unterricht zu denken, der über eine – scheinbar emanzipatorische – Unternehmerschelte hinausgeht. *Allen* Akteuren, nicht nur den Unternehmen, geht es nämlich im Wirtschaftsprozess um die eigenen Präferenzen und die Suche nach einem Handelspartner, der in der Verbindung ebenso einen Vorteil sieht. Die Suche nach win-win-Situationen ist also für den Wirtschaftsprozess konstitutiv; und soweit gelten auch noch die Gesetzmäßigkeiten in der Form, in der sie durch die o. g. Klassiker dargestellt wurden. Und allen Akteuren wird demnach abverlangt, ihr eigenes Handeln vernunftgeleitet so zu reflektieren, dass sie zur Zivilisierung des Marktprozesses beitragen. Vom Akteur *Haushalt* ausgehend wird zunächst die Einsicht gewonnen, dass der Kunde durch seine Handlungen und durch seine Interessen mitverantwortlich für unternehmerische Entscheidungen ist. Was als Allgemeinplatz der Wirtschaftslehre gilt *(Der Kunde ist König.)* hat weitreichende Folgen für die Frage nach der Verantwortung für ökonomische Exzesse wider die moralische Vernunft. Offensichtlich ist der Akteur Haushalt nicht von der Verantwortung freizusprechen, wenn dieser Textilien für wenige Euro erwirbt, seinen Flachbildfernseher zinsfrei finanziert, emissions- und leistungsstarke PKW den Alternativen vorzieht u. v. m. Diese Effizienzorientierung resultiert aus dem knappen Gut Einkommen, mit dem jeder Haushalt umzugehen hat, und die ihn im wirtschaftlichen Prozess häufig vor das Dilemma zwischen effizienter oder moralisch vertretbarer Handlung führt. In der Folge dieser Handlungsweise entwickelt sich ein Preisdruck auf die *Unternehmen* und *Banken*. Das was Ludwig Erhard als wesentliches Element der sozialen Marktwirtschaft herausgearbeitet hat, nämlich billige Preise, ist realisiert. Um als Unternehmen im Wettbewerb zu bestehen, suchen sie nach Verfahren, gute Qualität zu günstigen Preisen herzustellen und am Markt zu platzieren; zunächst einmal unabhängig davon, um welchen Preis beide Zielstellungen gleichzeitig erreicht werden. Letztlich muss auch der Akteur *Staat* in Hinblick auf sein moralisches Verhalten als Marktteilnehmer befragt werden. Ist es wirklich vertretbar, wenn der Staat, um sich beispielsweise gegen die demographische Entwicklung abzusichern, den Versicherungsunternehmen durch Werbung und staatliche Unterstützung Kunden zuführt, die die Logik von Finanzprodukten nur begrenzt durchschauen oder sich mit den Prämien finanziell überlasten? Und erzielen zunächst ethisch vertretbare politische Zielstellungen (Abwrackprämie, Mietpreisbremse) wirklich immer nur die gewünschten Wirkungen oder nicht vielmehr ungewünschte Nebeneffekte?

Wie man erkennt, sollte ein Unterricht zum moralischen Gehalt wirtschaftlicher Handlungen alle Wirtschaftsakteure im Blick haben, um so den gesamten ökonomischen Prozess abzubilden und nach Zusammenhängen zu fragen, die moralisches Fehlverhalten einzelner Akteure erklären. Somit wird auch erarbeitet, wo die Grenzen der klassischen Erklärungsmodelle liegen, die im globalisierten Wirtschaftshandeln sicher ausfindig zu machen sind, wo aber auch deren Erklärungswert nach wie vor besteht. Eine davon abweichende didaktische Strukturierung läuft Gefahr, eine eigene Urteilsfindung zu verhindern und endet nicht unwahrscheinlich in dem Ohnmachtsgefühl, den Bank- und Versicherungsunternehmen ausgeliefert zu sein oder allgemeiner: am Ende der Dumme zu sein.

4 Lerngewinn

Wie sich hier bereits andeutet, wird ein solcher Unterricht zwangsläufig Unterrichtsabschnitte haben, in denen die Lösungsfindung nur um den Preis bestimmter Opportunitätskosten gelingt. Die Arbeit mit Dilemmata wird prägend sein.

> „Die Dilemma-Methode ist ganz wesentlich eine mäeutische Befragungsmethode. Sie dient dem Zweck, das intuitive moralische Wissen der Schüler bewusst zu machen, auf den Begriff zu bringen und zu differenzieren. Auf diesem Weg kann Orientierungssicherheit erreicht werden." (Pfeifer 2009, S. 303)

Gerade aus dieser Eigenschaft heraus sind die Lernerfolge eines solchen Politikunterrichts mit hoher Wahrscheinlichkeit in besonderer Weise geeignet, Kompetenzzuwächse bei den Schülerinnen und Schülern zu generieren. Nimmt man die Konzepte *Fachwissen, Politische Urteilsfähigkeit, Politische Handlungsfähigkeit* und *Einstellung/Motivation* (Massing 2012, S. 24 ff.) als gemeinhin akzeptierte Zielstellungen des politischen Unterrichts, so erscheint die Arbeit anhand zahlreicher Dilemma-Situationen geeignet, die Wirklichkeit in ihrer Komplexität zu erfahren und in ihr zu urteilen, zu handeln und die Motive seiner Handlungen zu reflektieren. Innerhalb dieser vielschichtigen und -perspektivischen Realität fällt es Einzelnen schwer, „eingleisige" Prozesstheorien (Pfeifer 2009, S. 302) zur Urteilsfindung und -begründung heranzuziehen. Vielmehr werden sie hierdurch zur permanenten Selbstreflexion angehalten, müssen ihre eigenen Argumentationsmuster und die der anderen immer wieder kritisch befragen, lernen mit Unstimmigkeiten und Widersprüchen umzugehen, erkennen den (auch beschränkten) Erklärungswert etablierter Theorien u. v. m.

5 Zusammenfassung

Nicht umsonst wurden die einleitenden Worte mit Bezug zu Hayeks „Weg zur Knechtschaft" formuliert. Gerade nach den Ereignissen zu Beginn des neuen Jahrtausends, deren Folgen die demokratischen Gesellschaften noch lange spüren und bearbeiten werden, ist die Gefahr groß, den Wert und den Nutzen, der aus einer bestimmten Wirtschaftsordnung gezogen werden konnte, zu marginalisieren. Bestehende Tendenzen zur Verabsolutierung staatlicher Reglementierung sind seitdem deutlich und in der unterrichtlichen Wirklichkeit bereits auch Realität. Wenngleich die Notwendigkeit, Konsequenzen zu ziehen, auch Gegenstand unterrichtlicher und hier besonders: politischer Bildungsarbeit sein muss, so muss die Rolle des Einzelnen einerseits und Folgen staatlicher Aktivität andererseits innerhalb des ökonomischen Prozesses auch in der Perspektive ethischer Überlegungen thematisiert werden. Nur so kann der Reflex *Fürsorgestaat/Bürger gleich Moralität* bzw. *Unternehmer gleich Amoralität* verhindert werden. Und nur so kann der Lernende zukünftig sein ökonomisches Handeln selber reflektieren und die politische Entscheidung, welches Maß staatlicher Rahmensetzung er für sinnvoll hält, fundiert treffen.

Literaturverzeichnis

Ernst-Wolfgang Böckenförde. 1976. *Staat, Gesellschaft und Freiheit*, Frankfurt a. M.: Suhrkamp.
Susanne Grindel/Simone Lässig. 2007. *Unternehmer und Staat in europäischen Schulbüchern. Deutschland, England und Schweden im Vergleich*, Braunschweig: Georg-Eckert-Institut.
Jan-Gero Alexander Hannemann/Georg Dietlein/Arne Nordmeyer. 2013. Gerechtigkeit als Kostenfrage oder Kosten als Gerechtigkeitsfrage? Eine Einführung in die ökonomische Analyse des Rechts. *Zeitschrift für das Juristische Studium* (2): 163–169.
Friedrich A. Hayek. 2011. *Der Weg zur Knechtschaft*, München: Olzog.
Hans Kaminski/Katrin Eggert/Karl-Josef Burkard. 2008. *Konzeption für die ökonomische Bildung als Allgemeinbildung von der Primarstufe bis zur Sekundarstufe II*, Berlin: Bundesverband Deutscher Banken.
Wolfgang Klafki. 1996. *Neue Studien zur Bildungstheorie und Didaktik. Zeitgemäße Allgemeinbildung und kritisch-konstruktive Didaktik*, Weinheim/Basel: Beltz.
Helmut Klein (2012): Gehirnwäsche. *Die Zeit* vom 11. Oktober 2012, 71.
Dirk Lange. 2007. Politikbewusstsein und Politische Bildung. *Basiswissen Politische Bildung. Handbuch für den sozialwissenschaftlichen Unterricht* (1) hrsg. Dirk Lange/Volker Reinhardt. Hohengehren: Schneider: 205–213.
Peter Massing. 2012. Die vier Dimensionen der Politikkompetenz. *Aus Politik und Zeitgeschichte* (46-47): 23–29.
Lehrplananpassung. Gesellschaftswissenschaftliches Aufgabenfeld hrsg. Ministerium für Bildung, Wissenschaft, Weiterbildung und Kultur (MBWWK)(2011). Mainz.
Kernlehrplan für die Sekundarstufe II. Sozialwissenschaften hrsg. Ministerium für Schule und Weiterbildung des Landes Nordrhein-Westfalen (MSWNRW)(2013). Düsseldorf.
Volker Pfeifer. 2009. *Didaktik des Ethikunterrichts, Bausteine einer integrativen Wertevermittlung*, Stuttgart: Kohlhammer.
Steffen Piller. 2013. Wirtschaftskunde und Politikunterricht. *Handbuch fächerübergreifender Unterricht in der politischen Bildung*, hrsg. Carl Deichmann/Christian K. Tischner Schwalbach/Ts.: Wochenschau: 57–72.

Ziele und inhaltliche Orientierungen für die Qualifikationsphase der gymnasialen Oberstufe im Fach Sozialkunde hrsg. Thüringer Kultusministerium (TKM)(2009). Erfurt.

Michael Sandel. 2012. *Was man für Geld nicht kaufen kann: Die moralischen Grenzen des Marktes,* Berlin: Ullstein.

Politische Medienethik als Gegenstand der hermeneutischen Politikdidaktik in der digitalen Mediengesellschaft

Dennis Hauk

1 Zur Begriffs- und Gegenstandsbestimmung der politischen Medienethik im Kontext einer hermeneutischen Politikdidaktik

Der Begriff der „Medienethik" umfasst im weiteren Sinne alle ethisch begründeten moralischen Normen, die das Handeln publizistischer Medien in der öffentlichen Kommunikation steuern und legitimieren (Beck 2012, S. 33). Dies schließt nicht nur schriftlich fixierte Normen ein, die als rechtliche oder institutionelle Grundlage niedergeschrieben sind, sondern auch überlieferte Traditionen und Gewohnheitsrechte, die nicht oder nur in Ausnahmefällen kodifiziert sind. Als Beispiele werden in der Literatur häufig die grundlegenden Kommunikations-, Informations- und Medienfreiheitsrechte genannt, die sich unter anderem im Grundgesetz (Art. 5, Abs. 1 GG), in der Deklaration der Menschenrechte der UNO von 1948 (Art. 19), in der Europäischen Menschenrechtskonvention von 1950 (Art. 10) und der Grundrechte-Charta der Europäischen Union von 2009 (Art. 11) wieder finden. Entsprechende Einschränkungen existieren in Deutschland sowohl durch die Menschen-, Persönlichkeits- und Jugendschutzrechte (z. B. Art. 1, Abs. 1 und Art. 5, Abs. 2 GG) als auch durch die selbstverpflichtenden Grundsätze der publizistischen Medien im Hinblick auf die „Wahrhaftigkeit" und die „Sorgfältigkeit" der journalistischen Berichterstattung (z. B. im Pressekodex[1]).

Von diesen Begrifflichkeiten abzugrenzen ist die Medienethik im engeren Sinne, welche die politische Dimension dieser grundlegenden Freiheitsrechte und Beschränkungen beschreibt. Die Basis hierfür ist die demokratische Grundordnung, auf der die Medien agieren, denn: „[d]ie Medienfreiheiten sind kein Selbst-

---

[1] Nachzulesen unter <http://www.presserat.info/inhalt/der-pressekodex/pressekodex.html> (Zugegriffen: 21.12.2013)

zweck, sondern werden garantiert, weil sie konstitutiv für die Demokratie sind, also insofern eine dienende Funktion haben." (Beck 2012, S. 37) Traditionell setzt sich diese demokratiedienende Funktion aus den Teilen der „Informationsvermittlung", der „Öffentlichkeitsherstellung" und der „Kontrollfunktion" zusammen (Rudzio 2006, S. 381–407; Holz-Bacha 2003, S. 300):

1) *Vermittlungsfunktion:* Medien agieren als Politikvermittler. Ihre Aufgabe ist es einerseits, die Bevölkerung über politische Prozesse, Akteure und Ereignisse zu informieren (Output-Orientierung). Andererseits aggregieren und selektieren sie auch die Erwartungen der Bevölkerungen und tragen diese an die politischen Verantwortlichen weiter (Input-Orientierung).

2) *Öffentlichkeitsfunktion:* Medien helfen bei der Herstellung einer politischen „Öffentlichkeit", in der sich die Bürger und politische (oder andere gesellschaftliche) Akteure informieren, miteinander kommunizieren und auf den politischen Meinungs- und Entscheidungsprozess Einfluss nehmen. Die Aufgabe der Medien ist dabei, die Bevölkerung in ihrer politischen Meinungsbildung zu bestärken, indem möglichst viele Themen und Meinungen verschiedener gesellschaftlicher Gruppen abgebildet und öffentlich verbreitet werden.

3) *Kontrollfunktion:* Medien sind eine unabhängige Instanz zur Kritik und Kontrolle von politischer Macht. In ihrer oftmals als „Vierte Gewalt" bezeichneten Rolle leiten sie aus dem öffentlichen Interesse den Auftrag ab, einen Einfluss auf politische Entscheidungsprozesse zu nehmen und diese kritisch auf ihre Rechtmäßigkeit und Legitimation zu hinterfragen.

In der konkreten Anwendung ist diese politische Funktionsbeschreibung der publizistischen Medien jedoch – verfassungsrechtlich gewollt – nicht widerspruchsfrei, sondern der Gegenstand fortlaufender Aushandlungsprozesse und politischer sowie juristischer Auseinandersetzungen. Besonders gut kann dies in Zeiträumen technischer Umbruchsphasen beobachtet werden, in denen die evolutionäre Entwicklung der Medien meist auch mit großen gesellschaftlichen Veränderungen einhergeht. Hierbei überschreiten die neuen Möglichkeiten der Medientechnik oftmals die bestehenden (medien-)ethischen Grenzen, die in der Folge neu verhandelt sowie auf ihre demokratische Legitimation hinterfragt werden müssen. Die fortschreitende Digitalisierung und die Entwicklung des Internets kennzeichnen eine solche medientechnische Zäsur, wodurch selbige nun auch in das forschende Blickfeld der Politischen Medienethik geraten.

2 Politische Medienethik in der digitalen Mediengesellschaft: Eine politikdidaktisch-hermeneutische Perspektive auf die aktuellen Forschungsfragen der Politischen Medien- und Kommunikationswissenschaft

Die Frage, inwieweit die neuen und interaktiven Möglichkeiten der digitalen Mediengesellschaft die Demokratieentwicklung beeinflussen, führt derzeit zu heftigen Kontroversen und Auseinandersetzungen, die besonders innerhalb der politischen Medien- und Kommunikationswissenschaft sowie in der politischen Soziologie ausgetragen werden. Dabei stehen sich zwei politische Lager gegenüber: Diejenigen, die vor einer Erosion des repräsentativ-demokratischen Systems warnen (Korte 2012; Bittner 2012; Rosa 2007) und diejenigen, die darin lediglich eine neue Entwicklungsstufe hin zu einer deliberativ organisierten, digitalen (Coleman 2009) oder radikalen (Dahlberg und Siapera 2007) Demokratie sehen. Von dieser fachwissenschaftlichen Debatte blieb auch die politikdidaktische Forschung nicht unberührt, die durch ihre sozialwissenschaftlich-hermeneutische Ausrichtung (Hitzler und Honer 1997, S. 7 f.) ihrerseits eine eigene, fachdidaktische Interpretation dieser gesellschaftlich-politischen Entwicklung verfolgte.

Vor diesem Hintergrund stellte Wolfgang Sander als einer der ersten Politikdidaktiker eine Verbindung zwischen einer aktiven Medienbeteiligung im Netz und einem realen politischen Handeln her (Sander 2001, S. 123). Er orientiert sich dabei an dem in der Politikwissenschaft etablierten Handlungsbegriff, der alle Partizipationsformen miteinschließt, die an der Gestaltung von Politik beteiligt sind, „sei es durch formale Entscheidungsbefugnisse oder andere Medien des Einflusses wie etwa das Herstellen von Öffentlichkeit" (Schubert 1998, 29).

Auf dieser Folie verfolgte die politikdidaktische Forschung bislang vor allem das Ziel, über diese neuen Beteiligungsräume der modernen Mediengesellschaft die politische Handlungsfähigkeit der Schülerinnen und Schüler zu fördern. Im 2004 erschienen Kompetenzmodell der Gesellschaft für Politikdidaktik und politische Jugend- und Erwachsenenbildung (GPJE) heißt es hierzu, Schülerinnen und Schüler sollten: „Beiträge zu politischen, ökonomischen und gesellschaftlichen Fragen für Medien realisieren, vom Leserbrief über die Website bis zu komplexen Medienprodukten." (Gesellschaft für Politikdidaktik und politische Jugend- und Erwachsenenbildung (GPJE) 2004, S. 17) Schließlich könne über diese Form der Medienbeteiligung die politische Partizipation im Unterricht nicht nur simuliert, sondern unter realen Bedingungen, zum Beispiel für die Teilnahme an einer zivilgesellschaftlichen Bewegungen, antrainiert und weiterentwickelt werden.

Die hier skizzierten, politikdidaktischen Forderungen sind jedoch nicht unumstritten. Unhaltbar scheint so zum Beispiel die oft beschworene „Mobilisierungsthese", wonach Jugendliche durch die Möglichkeit zur Konstruktion und

Weitergabe eigener politischer Inhalte und Standpunkte in der digitalen Medienwelt zu einer erhöhten aktiven Partizipation außerhalb des Internets geführt werden. Zwar offenbart eine Längsschnittstudie von Wellman und Hogan einerseits, dass durch die Nutzung des Internets auch offline mehr Zeitung gelesen wird, mehr mit Freunden und Verwandten über aktuelle Themen diskutiert wird, öfter gewählt wird und vermehrt auch außerhalb der digitalen Sphäre an gesellschaftlich-politischen Aktivitäten teilgenommen wird (Wellman und Hogan Bernie 2004). Kritiker der politischen Mobilisierungsthese halten die Ergebnisse jedoch weder für repräsentativ noch für unumstritten. Nach ihrer Meinung setze sich im Internet letztendlich nur das fort, was bereits offline an politischen Aktivitäten zu erkennen sei. Kein noch so neues Medium würde deshalb einen apolitisch Denkenden sofort zum Umdenken bewegen, da nur ein verschwindend geringer Prozentsatz durch die neuen Internetdienste politisch aktiv oder gar offline zurück an die Wahlurne geholt werden würde (Eisel 2011, S. 42; Hans-Bredow-Institut 2008, S. 318 f.; Palfrey und Gasser 2008, S. 312 ff.). Schattschneider hält es angesichts dieser Befunde sogar generell für eine „Mär, dass es [das Internet, D. H.] der aufgestauten Partizipationsbereitschaft der Bürgerinnen und Bürger Raum verschaffen könne" (Schattschneider 2010, S. 102 f.). Einerseits mangelt es hierfür an den entsprechenden digitalen Partizipationsangeboten im Netz (Eisel 2011, S. 177 ff.; Roleff 2012). Andererseits wirken die bisher existierenden, digitalen Partizipationsformate vor allem auch als Bühne einer politischen Teilöffentlichkeit, die das Internet als Mittel der öffentlichen Empörung und des Protests benutzt (Reinhard in diesem Band). Dies sei, nach Meinung von Steinfeld, letztendlich auch „[d]er Preis der großen Freiheit, die das Internet gewähren sollte […] Darin mögen viele punktuelle, zeitlich eng begrenzte Erregungen entstehen – der Flashmob, der Shitstorm, die unendlichen Kommentarspalten. Aber die Politik als System kommt nicht in den Blick" (Steinfeld 2013, S. 11). Zu befürchten sei deshalb, dass durch die Medienpartizipation im Netz die verfassungsrechtliche, mithin auch demokratietheoretische Bedeutung von politischer Repräsentation zunehmend verloren ginge. Dies führe nicht nur zu einer wachsenden Distanz zwischen Repräsentanten und Repräsentierten, sondern auch zu einem schwindenden Interesse an traditionellen politischen Partizipationsformen des repräsentativ-demokratischen Systems (z. B. Mitarbeit in Parteien, Verbänden, Wahlen u. ä.).

Vor diesem Hintergrund ist es deshalb nun einerseits die Aufgabe politischer Bildung, die demokratisch-politische Funktion der medienethischen Grundwerte in der konkreten Umsetzung innerhalb der öffentlichen Kommunikation herauszuarbeiten und auf dieser Folie die bestehenden Partizipationsräume der digitalen Mediengesellschaft zu reflektieren. Dies gelingt im Politikunterricht allerdings nur dann, wenn die Unterrichtsplanung die *„Wechselwirkung zwischen Politik und Medien"* ebenso berücksichtigt wie den *„Zusammenhang zwischen Lernen über und*

Lernen durch Medien. Oder anderes formuliert: Prinzipiell enthält jedes politische Thema einen medialen Aspekt und kann politisches Lernen über Medien fördern; dieses Lernen über Medien sollte dann aber auch eine Entsprechung im Medieneinsatz – und das heißt: im Lernen durch Medien – finden" (Langner 2007, S. 218). Die Politische Medienethik ist als Gegenstand Politischer Bildung somit nicht nur Inhaltsfeld (im Weiteren als Unterrichtsthema), sondern muss im fachdidaktischen Implikationszusammenhang auch eine entsprechende Verwendung in den konkreten Unterrichtsmedien und -methoden finden. Wie diese Verbindung in der konkreten Unterrichtspraxis hergestellt werden kann, offenbaren die Vorabergebnisse einer qualitativen Forschungsstudie, die auszugsweise im nachfolgenden Abschnitt vorgestellt werden.

3   Angewandte Medienethik: Die digitale Medienpartizipation als Anforderungssituation der politisch-moralischen Urteils- und Handlungsfähigkeit

Die moralisierende Wirkung der politischen Medienpartizipation im Internet lässt sich nicht nur in den zahlreichen politischen Onlineforen, sondern auch im Klassenzimmer beobachten. Dies belegen unter anderem die Ergebnisse einer qualitativen Forschungsstudie, in der Schülerinnen und Schüler zum Unterrichtsthema der „Allgemeinen Staatsverschuldung" mit den öffentlichen Nutzerkommentaren eines politischen Nachrichtenforums konfrontiert wurden (Hauk unv. Ms). Die Aufgabe der Lernenden bestand zunächst darin, auf den nachfolgenden Kommentarbeitrag des Forennutzers „Wolf27" ein eigenes Antwortschreiben zu verfassen und anschließend hierüber die Ursachen und die politischen Lösungsmöglichkeiten für die Europäische Staatsschuldenkrise zu diskutieren:

> **Wolf27:** *„Und wir sollen doch diesen Griechen helfen. Kein Cent für Griechenland. Die sollen ihren Dreck selber wegwischen. Griechenland muss aus der EU raus, ganz einfach. Es wird nicht das letzte Krise sein von Griechen. Also ich sage Boykoot gegen griechische Waren und keinen Urlaub mehr in Griechenland"* (Bild.de).

Die nachfolgende Unterrichtssequenz dokumentiert die Reaktion des antwortenden Schülers und seiner Mitschülerinnen und Mitschüler auf den Ausgangskommentar:

Unterrichtssequenz: „Der Grieche kann aber was dafür."[2]
#00:09:06-9#
S/m_1: (liest das eigene Antwortschreiben vor) „Alter, lern erst einmal Deutsch. Was würde ein Boykott gegen griechische Güter und Urlaube nach Griechenland bringen? So wie Griechenland-" Was? Achso: „So wird Griechenland die Schulden nicht los. Versetze dich doch einmal in die Lage eines griechischen Bürgers, der für die Lage nichts kann. Würdest du nicht wollen, dass dir jemand helfen würde?
S/m_2: (   )
S/m_3: Das sehe ich anders.
S/m_4: Der Grieche kann aber was dafür.
S/m_1: Ja, aber doch nicht durch Gewalt.
S/m_3: Doch, Gewalt (hilft).
(Klasse redet unverständlich durcheinander)
S/m_1: Was?
S/m_5: Die haben doch nur alles schwarz gemacht. Wenn die bezahlen, dann gibt es da keine Rechnung oder Geschäftszahlen.
S/m_1:   ⌊ (Das buchen die ab,) dann sieht das auch jeder.
S/m_5: In Griechenland kann da jeder einzelne Bürger was dafür.
S/m_1:   ⌊ (   )   (wenn ich ne Liste habe, brauche ich keine Quittung)
L: Aber (.), nicht nur jeder Bürger, sondern?
S/m_5: Na alles andere und die (.) Regierung.
L: Dahinter hockt natürlich auch die Regierung.
#00:10:19-8#
Quelle: Hauk unv. Ms., Kapitel 7.2.

In der Replik auf den eingangs zitierten Internetkommentar sprechen sich die Schülerinnen und Schüler in dieser Sequenz gegen die Einführung eines internationalen Sanktionsmechanismus für Griechenland aus. Am Beispiel des Boykottaufrufs griechischer Waren und Urlaubsreisen werden dabei sowohl die wirtschaftliche Effizienz als auch die moralische Legitimation dieser Strafmaßnahmen

---

2   Abkürzungen: S/m_<Zahl> oder S/f_<Zahl> = Anonymisierte Personennamen eines Schülers <Reihung entsprechend der Sprechreihenfolge; L = Anonymisierte Personennamen des Lehrenden; Alle = Alle bzw. sehr viele Lernende gleichzeitig; (kursiv) = Hinweis auf parasprachliche, nicht verbale oder gesprächsexterne Ereignisse bzw. auf Sichtbares, das zum Verstehen oder Interpretieren wichtig ist; ⌊ = Einschub/Unterbrechung an eben dieser Stelle; (.) = kurze Pause; (doch) = Unsicherheit bei der Transkription z. B. aufgrund schwer verständlicher Äußerungen; (   ) = Unverständlich, die Länge der Klammer deutet die Dauer der unverständlichen Äußerung an..

hinterfragt. Die Begründung der Gruppe ist rhetorisch („Was würde ein Boykott (…) bringen?") beziehungsweise bedient sich der erweiterten Urteilskategorie des Perspektivwechsels, indem die Betrachtung des Geschehens auf die politische Adressatenebene verlagert wird („Versetze dich doch einmal in die Lage eines griechischen Bürgers, der für die Lage nichts kann."). Demnach sei es, nach Meinung der antwortenden Schülergruppe, auch eine Frage der Gerechtigkeit und der Solidarität bei der Bekämpfung der Staatsverschuldung zwischen den Verursachern und den Betroffenen der Krise zu unterscheiden. Diese Typisierung der Betroffenheitskategorie erfolgt dabei weitestgehend selbstständig und spiegelt sich auch im weiteren Diskussionsverlauf mit der Klasse wieder, die sich entweder für oder gegen eine globale Verantwortung der griechischen Bevölkerung ausspricht. Eine weitere Unterscheidung trifft am Ende der Lehrer, indem er die gesellschaftlich-politische Steuerungsfunktion der Regierung von der politischen Handlungsfähigkeit der Bevölkerung abgrenzt. Deutlich wird somit, dass die kategoriale Auseinandersetzung mit dem politischen Meinungsbild des Forennutzers „Wolf27" in dieser Sequenz dabei hilft, die vorhandenen Begründungs- und Betroffenheitskategorien zu systematisieren und in der Diskussion praktisch anzuwenden. Mit Blick auf die gesamte Unterrichtsreihe offenbart sich dabei auch der lernförderliche Einfluss der politischen Fremdurteile auf die Differenzierung und Weiterentwicklung der politisch-moralischen Urteilsbildung der Lernenden (Hauk unv. Ms., Kapitel 7.2): Je mehr die Schülerinnen und Schüler in der Analyse auf bestehende Erfahrungs- und Wissensbestände ihrer Alltagswelt zurück greifen konnten, desto konkreter waren auch die Umsetzungsvorschläge für die politische Praxis. Andernfalls bewegte sich die Debatte meist ausschließlich auf einer moralisierenden Ebene, in der die ethischen Kategorien, angewandt als normative Prinzipien (z. B. Gerechtigkeit, Legitimation) und regulative Ideen (z. B. Verfassung, Gesetze, Rechtsstaat), ohne erkennbaren Bezug zu den Kategorien der Politikebene (z. B. Effizienz und Funktionszusammenhang) diskutiert wurden.

Konsequenzen ergeben sich hieraus für die methodische Bearbeitungsstruktur: Der Einsatz der öffentlichen Internetkommentare dient (1) dazu, die eigenen politischen-moralischen Orientierungsmuster zu hinterfragen und diese auf ihre praktische Anwendbarkeit zu überprüfen. Unter unterrichtspraktischen Gesichtspunkten gilt es deshalb an erster Stelle „Mindestkriterien zur Beurteilung von Analysen, Lösungsvorschlägen und Entscheidungen zu vermitteln und Anregungen zum Nachdenken über eigene Analyse- und Lösungsvorschläge zu geben." (Massing 2003, S. 95) Dabei geht es nicht darum, festzustellen, ob die individuell begründete Sichtweise der Kommentarbeiträge falsch oder richtig ist – in den meisten Fällen ist eine solche Entscheidung aufgrund ethischer und/oder erkenntnistheoretischer Ansprüche an ein „richtiges Urteil" gemäß des Kontroversitäts- und Überwältigungsverbots des Beutelsbacher Konsenses auch nicht zulässig. Stattdessen gilt es vielmehr, die Schülerinnen und Schüler auf Grundlage dieser politischen Urteile, die zunächst und vor allem als Hypothesen verstanden werden müssen, zu einem Perspektivwechsel einzuladen (Massing 2003, S. 208, FN6). Hierbei werden die bisher unberücksichtigten Kategorien, Informationen und Wertmaßstäbe in die Diskussion aufgenommen und hinsichtlich ihrer Bedeutung für den eigenen politischen Standpunkt hinterfragt. Im Kern zielt die Analyse des politischen Fremdurteils somit auf die Zunahme der Komplexität der eigenen politischen und moralischen Begründungsargumente und somit auf die politisch-moralische Urteilsfähigkeit an sich ab (Sander 2008, S. 77).

In einer weiteren Instanz gilt es (2) darauf aufbauend, verschiedene Handlungsstrategien kennen zu lernen, mit denen die Lernenden ihre Bürgerrolle innerhalb der digitalen Partizipationsräume des Internets aktiv wahrnehmen können. Diese verstehen sich jedoch weniger im Sinne einer zeitlich begrenzten Interventionsbereitschaft in Zeiten moralischer Krisen (z. B. bei politischen Skandalen, Korruptionsaffären, Steuerverschwendungen u. ä.), sondern in erster Linie als eine grundlegende und langfristige Aktivbereitschaft, die den Anspruch auf eine demokratische Mitbeteiligung, zum Beispiel in Verbänden, Parteien und anderen politischen Vertretungskörperschaften, nicht aufgibt. Vor diesem Hintergrund wurde auch das nachfolgende Unterrichtsmodell entwickelt, das die konkreten politikdidaktisch-methodischen Analyseschritte für den Einsatz politischer Diskussionsforen in der politischen Bildung beschreibt:

Schrittfolge für die Analyse politischer Diskussionsforen

Positionierung

Den Schülerinnen und Schülern werden mit den Kommentar- und Diskussionsbeiträgen (zum Beispiel auf den Diskussionsboards der großen Nachrichtenwebseiten wie Spiegel-Online, Bild.de, FAZ.net u. a.) zu einem aktuellen politischen Thema konfrontiert. Der/Die Kommentar/e selbst sollte/n kurz, pointiert und kontrovers sein. Die Schüler beziehen daraufhin Stellung zu der Meinung des Autors/der Autoren, indem sie (schriftlich oder mündlich) eine direkte Antwort formulieren. Hierdurch werden erste und spontane Argumente entwickelt, die für oder gegen die Position des Autors sprechen.

Urteilsanalyse

Die Schüler diskutieren in Kleingruppen oder im Plenum einzelne Antwortschreiben und systematisieren anhand festgelegter politisch-moralischer Begründungskategorien und -perspektiven die Pro-und-Contra-Argumente. Entsprechende Modelle finden sich hierfür bei Reinhardt (2009, S. 150 f.), Kuhn (1997, S. 169), Massing (1997) und Sutor (1997). Die methodische Umsetzung kann z. B. als Schreibgespräch an der Tafel oder virtuell über eine Twitterwall erfolgen. Anschließend werden die gesammelten Argumente mithilfe zusätzlicher Materialien (z. B. Zeitungstexte, weitere Diskussionsboards etc.) weiter ausdifferenziert und auf ihre politische Repräsentation (z. B. in den Wahlprogrammen, Positionspapieren, Interviews und Reden von Abgeordnetenreden u. ä.) überprüft.

Handlungsanalyse
Die Schülerinnen und Schüler stellen anhand des Diskussionsforums Überlegungen über die politischen Ziele (Vermittlungs-, Öffentlichkeits- oder Kontrollfunktion), die Reichweite und die Wirkung der digitalen Medienpartizipation an und leiten daraus eigene Strategien für das politische Medienhandeln im Internet ab. Sie überprüfen dabei, wie die gesammelten Vorschläge der breiten Öffentlichkeit zugänglich gemacht (via eigener Blogs, Homepages etc.) und/oder an die politischen Verantwortlichen (E-Mails, Anfragen über soziale Netzwerke, Onlinepetitionen etc.) weitergeleitet werden können.

4 Ausblick

Das Internet bietet den Bürgerinnen und Bürgern mit seinen vielfältigen und interaktiven Kommunikationsräumen ein breites und umfassendes Angebot für den politischen Meinungs- und Informationsaustausch und damit auch die Chance für mehr politische Bürgernähe. Diese Chance kann jedoch nur dann genutzt werden, wenn beide Seiten, Politik und Öffentlichkeit, sich des politischen Umfangs und der Grenzen dieser kommunikativen Partizipationsräume bewusst sind, denn noch immer gilt: „Im Netz werden Diskussionen geführt und Konflikte ausgetragen, deren Ursprünge außerhalb des Netzes liegen und sich vorwiegend in der realen Welt abspielen." (Eisel 2011, S. 174) Die politische Bildung wird deshalb in Zukunft vor allem darum bemüht sein müssen, fortlaufend im Internet nach politischen Anknüpfungs- und Verbindungsmöglichkeiten zu suchen, mit denen eine „reale" politische Partizipation gelingen kann. Nur hierdurch können die Schülerinnen und Schüler politische Handlungsstrategien entwickeln lernen, die nicht nur zur aktiven Teilhabe innerhalb einer im Internet präsenten Teil(!)öffentlichkeit und Teil(!)politik befähigen, sondern die politische Realität in Gänze berücksichtigen. Deshalb spricht auch vieles dafür, in der fachdidaktischen Debatte um den politisch-moralischen und handlungsfördernden Einfluss der neuen, digitalen Medien mit Besonnenheit zu reagieren, die technische Medienentwicklung dort ernst zu nehmen, wo sie unter inhaltlichen und methodischen Gesichtspunkten einen *politischen* Bildungswert besitzt und darauf zu achten, das übergeordnete Leitziel der Befähigung zur aktiven Wahrnehmung der Bürgerrolle innerhalb des repräsentativ-demokratischen Systems (Deichmann 2007, S. 146; Deichmann 2004, S. 22 f. und 32 ff.) nicht aus den Augen zu verlieren.

Literaturverzeichnis

Beck, Klaus. 2012. *Das Mediensystem Deutschlands: Strukturen, Märkte, Regulierung.* Wiesbaden: Imprint VS Verlag für Sozialwissenschaften.

[Bild.de] Anonymer Nutzerbeitrag im Kommentarbereich auf Bild.de. 2010. Hellenen in der Krise Pleite-Griechen suchen Hilfe bei Deutscher Bank. http://www.bild.de/politik/wirtschaft/sitzmoebel-bank/josef-ackermann-in-athen-11627126.bild.html. Zugegriffen: 23. 08. 2011.

Bittner, Jochen. 2012. Beschleunigung: Zeit ist Macht. *Die Zeit.* http://pdf.zeit.de/2012/31/Beschleunigung.pdf. Zugegriffen: 7. März 2013.

Coleman, Stephen/Blumler Jay G. 2009. *The internet and democratic citizenship: Theory, practice and policy.* Cambridge.

Dahlberg, L., & Siapera, E. (Hrsg.) 2007. *Radical democracy and the Internet: Interrogating theory and practice.* Basingstoke/New York: Palgrave Macmillan.

Deichmann, Carl 2004. *Lehrbuch Politikdidaktik.* München: Oldenbourg.

Deichmann, Carl 2007. *Symbolische Politik und politische Symbole: Dimensionen politischer Kultur.* Schwalbach/Ts: Wochenschau-Verl.

Eisel, Stephan 2011. *Internet und Demokratie.* Freiburg: Herder.

Gesellschaft für Politikdidaktik und Politische Jugend- und Erwachsenenbildung (GPJE) 2004. *Anforderungen an die nationalen Bildungsstandards für den Fachunterricht in der Politischen Bildung an Schulen: Ein Entwurf.* Schwalbach/Ts.: Wochenschau-Verl.

Hans-Bredow-Institut 2008. Zur Entwicklung der Medien in Deutschland zwischen 1998 und 2007: Wissenschaftliches Gutachten zum Kommunikations- und Medienbericht der Bundesregierung. http://www.bundesregierung.de/Content/DE/__Anlagen/BKM/2009-01-12-medienbericht-teil2-barrierefrei,property=publicationFile.pdf. Zugegriffen: 28. Oktober 2010.

Hauk, Dennis unv. Ms. *Politische Bildung in der digitalen Mediengesellschaft: Politikdidaktische und empirische Aspekte über den Einsatz von Online-Journalismus im Politikunterricht.* Jena.

Hitzler, Ronald, & Honer, Anne 1997. Einleitung: Hermeneutik in der deutschsprachigen Soziologie heute. In Ronald Hitzler & Anne Honer (Hrsg.), *Sozialwissenschaftliche Hermeneutik: Eine Einführung,* 7–30. Opladen: Leske + Budrich.

Holz-Bacha, Christina 2003. Art. Medien und Politik. In Dieter Nohlen (Hrsg.), *Kleines Lexikon der Politik,* S. 300–302. München: Beck.

Korte, Karl-Rudolf. 2012. Beschleunigte Demokratie: Entscheidungsstress als Regelfall. *Aus Politik und Zeitgeschichte,* 62(7), 21–26.

Kuhn, Hans-Werner. 1997. Urteilsbildung im Politikunterricht: Fachdidaktische Analyse. In Peter Massing (Hrsg.), *Politische Urteilsbildung: Zentrale Aufgabe für den Politikunterricht*, 202–220. Schwalbach: Wochenschau-Verl.

Langner, Frank. 2007. Medienbezogenes politisches Lernen. In Volker Reinhardt (Hrsg.), *Inhaltsfelder der politischen Bildung*, 209–218. Baltmannsweiler: Schneider-Verl. Hohengehren.

Massing, Peter. 1997. Kategorien politischen Urteilens und Wege zur politischen Urteilsbildung. In Peter Massing (Hrsg.), *Politische Urteilsbildung: Zentrale Aufgabe für den Politikunterricht*, 115–133. Schwalbach/Ts.: Wochenschau-Verl.

Massing, Peter. 2003. Kategoriale politische Urteilsbildung. In Hans-Werner Kuhn (Hrsg.), *Urteilsbildung im Politikunterricht: Ein multimediales Projekt*, 91–108. Schwalbach/Ts: Wochenschau-Verl.

Palfrey, John, & Gasser, Urs. 2008. *Generation Internet: Die Digital Natives*. München.

Reinhardt, Sibylle. 2009. *Politik-Didaktik*. Berlin: Cornelsen-Scriptor.

Roleff, Daniel. 2012. Digitale Politik und Partizipation: Möglichkeiten und Grenzen. *Aus Politik und Zeitgeschichte*, 62(7), 14–20.

Rosa, Hartmut. 2007. Speed: Von der zeitlichen Überforderung der Demokratie. http://www.polar-zeitschrift.de/polar_02.php?id=70#70. Zugegriffen: 6. März 2013.

Rudzio, Wolfgang. 2006. *Das politische System der Bundesrepublik Deutschland*. Wiesbaden: VS Verl. für Sozialwiss.

Sander, Wolfgang. 2001. Neue Medien in der politischen Bildung: Herausforderungen für die Schule und Lehrerausbildung. In Georg Weißeno (Hrsg.), *Politikunterricht im Informationszeitalter: Medien und neue Lernumgebungen*, 118–129. Bonn: Bundeszentrale für politische Bildung.

Sander, Wolfgang. 2008. *Politik entdecken – Freiheit leben: Didaktische Grundlagen politischer Bildung*. Schwalbach/Ts: Wochenschau-Verl.

Schattschneider, Jessica. 2010. Zum Nutzen digitaler Medien für den Politikunterricht. In Gotthard Breit (Hrsg.), *Hauptsache politische Bildung: Kontroversität, Schülerorientierung, Aktualität, Problemorientierung*. Schwalbach/Ts: Wochenschau-Verl.

Schubert, Klaus. 1998. Art. Akteur. In Dieter Nohlen, Rainer-Olaf Schultze, & Suzanne S. Schüttmeyer (Hrsg.), *Politische Begriffe*, 29. München: Beck.

Steinfeld, Thomas (2013, Juli 5). Die Wahrheit der Herrschaft: Es ist Zeit, ein paar Illusionen über den Staat und das Internet zu verabschieden. *Süddeutsche Zeitung*, 11.

Sutor, Bernhard. 1997. Kategorien politischer Urteilsbildung. In Peter Massing (Hrsg.), *Politische Urteilsbildung: Zentrale Aufgabe für den Politikunterricht*, 95–108. Schwalbach/Ts.: Wochenschau-Verl.

Wellman, Barry, & Hogan Bernie. 2004. The Internet in everyday life. In William S. Bainbridge (Hrsg.), *Berkshire encyclopedia of human-computer interaction: When science fiction becomes fact*, 389–397. Great Barrington: Berkshire Publ. Group.

Die Entwicklung des Gerechtigkeitssinns: Herausforderung für die politische Ethik und die politische Bildung

Carl Deichmann

1 Einführung: Politische Ethik und politische Bildung

In den folgenden Überlegungen geht es *erstens* darum, grundlegende Begriffe der politischen Ethik als Orientierung für die politische Bildung herauszustellen. *Zweitens* soll eine politikdidaktische Strategie zur Ausbildung des Gerechtigkeitssinns vorgestellt werden.

Ausgangspunkt ist im Sinne der sozialwissenschaftlichen Hermeneutik im politikdidaktischen Erkenntnisinteresse (Deichmann 2009; ders. 2010,S. 22 ff.; Juchler 2013) eine Typologie aktueller politisch-moralischer Diskussionen, durch welche die Bürger ihren politischen Erfahrungen einen Sinn verleihen (Soeffner 2008, S. 165; Kurt 2004, S. 234 ff.). Denn die meisten politischen Diskussionen über nationale und internationale Themen, gleichgültig, ob es sich um Plagiatsaffären, den Vorwurf der Vorteilsnahme bei Politikern, den Mindestlohn, Steuererhöhungen, die Rentenfinanzierung, die Vorratsspeicherung, die Finanzierung des Euro-Rettungsschirms, die Syrienkrise oder den Einsatz der UNO Blauhelme im Südsudan handelt, müssen auch als *moralische Probleme* identifiziert werden. Wird doch bei diesen Problemen nicht nur die Interessen- und Machtdimension der politischen Realität, diejenige der Interaktionen und Institutionen, oder die Dimension der subjektiven Interessen angesprochen, sondern bei den Sinndeutungen der Bürger wird besonders auf die Realitätsdimension der regulativen Ideen und Werte Bezug genommen (Deichmann 2014). Deshalb verlangen die Probleme nach einer ethischen Analyse im Rahmen der Ethik als Wissenschaft, denn diese „thematisiert die Sprache der Moral, rechtfertigt ethische Normen und entwickelt konsistente ethische Theorien." (Knoepffler 2010, S. 18).

In dem Verständnis der Ethik als Wissenschaft wird der unmittelbare Bezug zur politischen Ethik und zur Politikdidaktik deutlich, geht es doch um die ethische Begründung der politischen Ordnung und des Institutionensystems im Horizont von Freiheit, Gerechtigkeit und Frieden (Dicke und Weber 2006), also um die Frage, „was sind die Grundlagen jeder legitimen politischen Ordnung, die ein Leben in Würde ermöglichen?" (ebd., S. 28). Dabei impliziert die moralische Orientierung an der Menschenwürde, kodifiziert in der allgemeinen Erklärung der Menschenrechte der Vereinten Nationen von 1948 (AEMR) die internationale Perspektive der politischen Ethik: „Das Ur-Menschenrecht, überhaupt Rechte zu haben, wird zur Bedingung der Möglichkeit eines realistischen und international wirksamen Menschenrechtskonzeptes erklärt" (Özmen 2013, S. 64). Internationale Beziehungen, regionale Konflikte, internationale politische Prozesse und Organisationen sind danach unter der moralischen Perspektive zu untersuchen, inwieweit sie Frieden, Freiheit und Gerechtigkeit (AEMR, Präambel) entsprechen (Sutor 1997, 113 ff.).

Wenn Ethik als eine wissenschaftliche Disziplin zu verstehen ist, welche „Reflexionsarbeit zur Klärung von moralischen Begriffen" (Knoepffler 2010, S. 19) leistet, dann ist von der hermeneutischen Politikdidaktik eine differenziertere Typologie der moralischen Handlungen, der regulativen Ideen und Werte zu erwarten, welche den Diskurs der politischen Ethik aufnimmt und in ihrem Erkenntnisinteresse modifiziert.

2 Zentrale Begriffe der Politischen Ethik als Orientierung für die Politische Bildung

2.1 Moral

Für die logische Struktur der Beurteilung, nach der eine Handlung als moralisch oder unmoralisch qualifiziert wird, ist typisch: Bei der konkreten Handlung wird eine Diskrepanz zwischen der Handlung und einer für gültig gehaltenen Norm festgestellt. Diese für gültig gehaltenen Verhaltensnormen werden im Sinnzusammenhang der Politischen Ethik in einem umfassenderen Sinne verstanden als dies bei der soziologischen Diskussion der Fall ist, in deren Rahmen Normen als die in der konkreten Interaktion zu beobachtenden Verhaltensweisen und Verhaltensregeln gesehen werden (Soeffner 2003, S. 278 ff.; Berger und Luckmann 1974, S. 49 ff.). Handelt es sich bei der Norm um ein konkretes Gesetz, gegen das ein Politiker verstoßen hat, wie dies bei Plagiatsaffären, bei Bestechungen oder bei nachgewiesenen Vorteilsnahmen, bei Verstößen gegen Steuergesetze oder gegen gesetzliche Regelungen der Parteispenden der Fall ist, geht es um gerichtlich feststellbare Tatbestände.

Ein zweiter Typ der moralischen Beurteilung ist nicht zwingend aus den bestehenden Gesetzen, sondern aus politischen Erwartungshaltungen erklärbar.

Hierzu gehören z. B. wertbezogene Erwartungen an die Amtsführung von Politikern, nicht zuletzt auch die Erwartungen an die Unparteilichkeit der Amtsführung (Dreier 1995, S. 130 ff.). Der ehemalige Bundespräsident Christian Wulff etwa scheiterte auch deshalb, weil die Mehrheitsmeinung in den Medien, aber auch diejenige der Bürger, die These von der Unvereinbarkeit der vermuteten Vorteilsnahme mit der „Würde des Amtes" massiv unterstützte.

Die Wahlchancen des Kanzlerkandidaten der SPD, Peer Steinbrück, bei den Bundestagswahlen 2013 waren nicht zuletzt auch deshalb sehr gering, weil seine sehr hohen, aber keineswegs korruptionsverdächtigen oder ungesetzlichen Vortragshonorare vor der Nominierung als Kanzlerkandidat nicht mit den Erwartungen an einen zukünftigen Kanzler vereinbar schienen.

Ein dritter Typ moralischer Beurteilungen bezieht sich auf die für politische Handlungen für verbindlich gehaltenen Regeln. Zu ihnen gehören persönliche Beleidigungen, politische Intrigen, Absprachen im parlamentarischen Alltag bzw. die Nichtbeachtung der parlamentarischen Regeln, die Nichteinhaltung fundamentaler, für die Stabilität des politischen Systems wichtiger Interaktionsregeln, z. B. die prinzipielle Koalitionsbereitschaft der politischen Parteien nach den jeweiligen Landtags- und Bundestagswahlen. Jedoch richtet sich bei den Bürgern die Beurteilung, ob eine politische Handlung moralisch oder unmoralisch ist, nach der Interessenlage und nach der Sympathie oder der Antipathie, welche der Beurteilende der jeweiligen Person entgegenbringt.

2.2 Regulative Ideen und Werte

Die logische Struktur des Moralbegriffes erschließt sich durch die politikdidaktische Ausdifferenzierung der Werteebene, die in Alltagsgesprächen und im öffentlichen Diskurs einbezogen wird. Dies wird besonders deutlich, wenn die Bürger moralische Urteile unter dem Gesichtspunkt der „Gerechtigkeit" fällen. Es sind Urteile, welche nicht die Diskrepanz zwischen Handlungen und der gesetzlich festgeschriebenen Norm, die Erwartungshaltungen oder die Kommunikations- und Interaktionsregeln zum Inhalt haben.

Typisch für diese Art der politisch-moralischen Urteile ist ihre Subjektivität, ihre vordergründige alltagsweltliche Eingebundenheit. Denn die Kriterien für diese moralischen Urteile sind nicht transparent, weil der Bezug zur „Gerechtigkeit" unmittelbar mit dem Weltbild (Fischer 2006, S. 36 ff.), dem Lebensgefühl, der Interessenlage und der jeweiligen Soziokultur (Rohe 1994, S. 168 ff.; Deichmann 2013a) des Urteilenden verbunden ist. Gleichzeitig werden allerdings für die weitere Begründung des jeweiligen Urteils unterschiedliche, dann vielleicht intersubjektiv überprüfbare Kriterien aufgezeigt, die sodann wieder den Bezug zu den

Gesetzesnormen oder den Erwartungshaltungen und Regeln herstellen, also die schon genannten Varianten moralischer Urteile darstellen. Oft wird auch Bezug genommen zu den Existenzbedürfnissen des Menschen.

Bei dem Begriff „Gerechtigkeit" (Ladwig 2011, S. 16 ff.; Sutor 1997, S. 65 ff.) handelt es sich, ähnlich wie bei dem Begriff des „Gemeinwohls" (Sutor 1997, S. 55 ff.) und des „Friedens" um eine „Bezugsgröße", die inhaltlich nur durch die Benennung anderer, operationalisierbarer Kriterien als Handlungsmaxime und somit als Beurteilungsgesichtspunkt Geltung beanspruchen und politisch umgesetzt werden können. Deshalb ist es sinnvoll, bei diesen Begriffen von „regulativen Ideen" zu sprechen und bei den zur Überprüfung heranzuziehenden Kriterien der Freiheit, Gleichheit, Solidarität und Subsidiarität, von „Werten" zu sprechen. Unter dem Gesichtspunkt einer Differenzierung zwischen der Alltagswelt, „unserem primären Interaktionsraum" (Soeffner 2003, S. 276), und der kollektiven Ebene der Politik, zeichnet sich die logische Struktur der Werte dadurch aus, dass sie als alltagsweltlich überprüfbare Kriterien für die regulativen Ideen, für Gerechtigkeit, Gemeinwohl, Frieden oder die Unverletzlichkeit der Menschenwürde herangezogen werden können.

Die regulativen Ideen besitzen bei einer in diesem Sinne vorgenommenen Abgrenzung zu den Werten bei den moralischen Urteilen eine erkenntnisleitende Funktion, so wie sie Karl R. Popper für den Wahrheitsbegriff in der Wissenschaft, speziell für die Überprüfung von Theorien und Hypothesen gefordert hat: Die Idee der Wahrheit „spielt die Rolle einer regulativen Idee. Wir prüfen auf Wahrheit, indem wir das Falsche ausscheiden" (Popper 1974, S. 42)

Übertragen auf die Idee der Gerechtigkeit bedeutet dies, dass wir im Lichte der Idee der Gerechtigkeit falsche Regelungen ausscheiden. Für diesen Prüfungsvorgang müssen allerdings noch andere Aspekte herangezogen werden: die Kategorien der Menschenrechte, der Freiheit und der Gleichheit, aber auch diejenigen der Solidarität und Subsidiarität. Denn dadurch erweist sich der Alltagsweltbezug als unverzichtbare Bezugsebene für die Beurteilung der Frage, ob die vorgeschlagenen politischen Lösungen im Sinne der Gestaltung der Lebensbedingungen der Menschen „gerecht" sind. Die Differenzierung orientiert sich an einer erkenntnistheoretischen Position, nach der zwischen analytischen und normativen Begriffen unterschieden werden kann (Albert 1991, S. 15 ff.).

Bei einer solchen erkenntnistheoretischen Differenzierung wird von der Kritik an den „Seinsaussagen", an ontologischen Begriffsbestimmungen ausgegangen, da deren theoretische Begründung zu einem infiniten Regress, zu einem logischen Zirkel oder zum Abbruch des Begründungszusammenhangs führt (Albert 1991, S. 43 f.). Dabei sind mit analytischen Begriffen diejenigen Begriffe gemeint, welche sich operationalisieren lassen, das heißt es müssen ‚Ist-Aussagen' sein, mit deren Hilfe empirisch feststellbare Tatbestände beschrieben werden. Es handelt sich bei den Aussagen, die mit analytischen Begriffen gemacht werden, um intersubjektiv feststellbare Tatsachenurteile. Es sind Urteile, die nicht von der subjektiven Position des Betrachters abhängig sind.

Demgegenüber enthalten die normativen Kategorien ‚Sollens-Aussagen'. Dies sind Aussagen, welche Verhaltensvorschriften oder – allgemein – Werte enthalten (Seiffert 1974, S. 7 ff.). So sind die regulativen Ideen und die genannten Werte Orientierungen, nach der menschliches Handeln, die Politik sich ausrichten *sollte*. Insofern sind die genannten Werte „Freiheit, Gleichheit, Solidarität, Subsidiarität" noch interpretationsbedürftige Begriffe; sie müssen noch weiter operationalisiert werden. Diese Funktion haben die analytischen Kategorien Bedürfnis, Interesse, Konflikt u. a.

Zur Analyse konkreter politischer Situationen gehen die Kategorien sodann als Fragen und als Perspektiven der Beurteilung ein. Es wird z. B. gefragt: Welchen Bedürfnissen und Interessen welcher Gruppe entspricht die jeweilige gesellschaftliche und politische Situation mit ihrer spezifischen Macht- und Herrschaftsstruktur oder die geforderte politische Entscheidung eher? Erst durch die Beantwortung dieser Fragen kann wiederum der Bezug zu Freiheit und Gleichheit hergestellt werden, indem zu klären ist, welche Menschen ihre Freiheit im Sinne der persönlichen Gestaltungsmöglichkeiten (Bezug zu Interessen und Bedürfnissen) des Lebens erweitert haben. Der Betrachter wird dann seine Vorstellungen von einer „gerechten Lösung" bestätigt oder widerlegt sehen. Ähnlich wird der Prüfungsvorgang ablaufen müssen, wenn die Frage ansteht: „Wie verändert sich die Machtstruktur in den internationalen Beziehungen durch die entsprechende Aktion, etwa bei einem militärischen Eingreifen in einem regionalen Konflikt?".

3 Politikdidaktische Strategie zur Ausbildung des Gerechtigkeitssinns

3.1 Alltagsbedeutung und Perspektiven des Gerechtigkeitssinns

Bei dieser fundamentalen Bedeutung der regulativen Idee der Gerechtigkeit für die Beurteilung der Politik stellt sich die Entwicklung eines Gerechtigkeitssinnes als der zentrale Bestandteil des Deutungs- und Ordnungswissens der Bürger heraus (Deichmann 2004, S. 144 ff.). Die regulative Idee der Gerechtigkeit entspricht in unmittelbarer Weise dem Ziel politischer Bildung, bei den Bürgern eine Bewusstseinsstruktur aufzubauen, mit deren Hilfe sie die politische Ordnung und konkrete politische Prozesse auf nationaler und internationaler Ebene interpretieren können. Dieser Gerechtigkeitssinn soll Richtschnur ihres Handelns – ihre regulative Idee – sein.

Der Forderung liegt die Prämisse zugrunde, „...dass soziale Beziehungen innere Beziehungen sind, und (...) dass zwischenmenschliche Wechselwirkungen Ideen verkörpern" (Winch 1974, S. 163), man also Handlungen nur verstehen kann, wenn die Sinninterpretationen, die ihnen zugrunde liegen, in die Analyse einbezogen werden. Die Überlegungen über den in der politischen Bildung zu vermittelnden Gerechtigkeitssinn gehen somit davon aus, „dass unsere Sprache und unsere sozialen Beziehungen nur zwei Seiten derselben Medaille sind. Die Bedeutung eines Wortes darlegen, heißt beschreiben, wie es gebraucht wird, und das wiederum heißt die sozialen Wechselbeziehungen beschreiben, in die es eingeht" (ebd., S. 157).

Die theoretische Begründungsinstanz für diesen Gerechtigkeitssinn, welcher korrespondiert mit den wünschenswerten regulativen Ideen der politischen Ordnung, kann nur die Vernunfteinsicht des Bürgers in die Notwendigkeit bestimmter Handlungsmaximen sein. Dabei besteht zudem die Möglichkeit, durch die Analyse und *Beurteilung von politischen Ideologien* zu der Einsicht zu gelangen, dass der wesentliche Grund für deren Freiheitsgefährdungen darin besteht, dass diese einen Wahrheitsanspruch erheben. Sie tun dies, indem sie die inhaltliche Bestimmung des Gerechtigkeitsbegriffes vornehmen. Sie entziehen dessen Bestimmung einer kontroversen gesellschaftlichen Diskussion, indem sie zum Beispiel die Wahrheit über den Geschichtsverlauf und somit den „gerechten" gesellschaftlichen Endzustand erkannt zu haben vorgeben und sich einer rationalen Überprüfung entziehen (Popper 1975, Bd. 2, S. 102 ff.).

Die politische Bildung wird jedoch die Einsicht vermitteln: „der letzte Probirstein der Wahrheit ist immer die Vernunft" (Kant 1995, Bd. 6, S. 199). Nicht die vermeintliche Erkenntnis über die Gesetzmäßigkeit in der Geschichte oder die Vorgegebenheit von nicht hinterfragbaren und rational begründbaren, „objektiv gültigen" Ideen, die dem Bürger zur ‚Annahme' im Unterricht vermittelt werden, sind Ansätze, die die Einsehbarkeit der Wertedimension von Politik fördern. Im Politikunterricht kann die Verbindung zwischen den Handlungsmaximen in der Alltagswelt und in der Politik nur durch Vernunftgebrauch erreicht werden. Dabei wird von der Hoffnung ausgegangen, dass die im Politikunterricht festgestellte Gültigkeit bestimmter Handlungsprinzipien sowohl für individuelles Handeln als auch für die Handlungsorientierung der Gemeinschaft zur Befolgung des Imperativs führt: „Handle so, dass die Maxime deines Willens jederzeit zugleich als Prinzipien einer allgemeinen Gesetzgebung gelten können" (Kant 1973, S. 53).

3.2 Entwicklung des Gerechtigkeitssinns im politischen Lernprozess

Wie kann in der Praxis der politischen Bildung der Gerechtigkeitssinn generiert bzw. gefördert werden, der den beschriebenen Bedingungen der Alltags- und Spracherfahrung entspricht sowie mit dem Anspruch übereinstimmt, dass die Lernenden die Alltagswelt und die politische Makrowelt unter ethischen Gesichtspunkten analysieren können?

Ein Lernprozess, der diesen Ansprüchen entspricht, gliedert sich in *zwei Phasen*: In der *ersten Phase* werden die Handlungsorientierungen (Regeln), welche für das Handeln in Primärgruppen in der Alltagswelt verbindlich sind, herausgearbeitet. In der *zweiten Phase* des Lernprozesses überträgt die Lerngruppe die erarbeiteten Handlungsprinzipien auf gesamtgesellschaftliche Institutionen.

3.2.1 Erste Phase des Lernprozesses: Interaktion in der Alltagswelt

In den alltäglichen Gesprächen werden Meinungen über die notwendigen Handlungsmaximen im Sinne der regulativen Ideen geäußert. Dies geschieht auch immer dann, wenn in Gruppen über die Regeln gesprochen wird, nach denen eine gemeinsame Tätigkeit ausgeführt werden soll.

Im Lernprozess der politischen Bildung können diese Alltagserfahrungen in den Primärgruppen sowie die Erfahrungen, welche die Lernenden in handlungsorientierten Phasen des Unterrichts, zum Beispiel in den verschiedenen Gruppen im Rahmen eines Planspiels gemacht haben (Deichmann 2013b, S. 97 ff.), zur Analyse des Gerechtigkeitsbegriffes und zur Entwicklung des Gerechtigkeitssinns nutzbar gemacht werden.

Das Unterrichtsgespräch bezieht sich zuerst auf die Regeln, welche in einer *Primärgruppe* oder in einer Arbeitsgruppe in dem vorangegangenen Planspiel (Bürgerinitiative, Partei u. a.) für die gemeinsame Aktion galten. Sodann wird überprüft, ob diese Regel, die der Gruppenarbeit zugrunde lag, *„gerecht"* ist, wenn von der *Bedingung* ausgegangen wird, dass die entsprechenden Regeln *von Dauer* sein sollen. Haben sich im Unterrichtsgespräch sodann Elemente des Gerechtigkeitsbegriffes herauskristallisiert, besteht die Möglichkeit, in einem *zweiten Schritt* diese auf *gesamtgesellschaftliche Institutionen* zu übertragen.

Es zeigt sich, dass die Schülerinnen und Schüler aufgrund ihrer Erfahrungen in den Arbeitsgruppen des Planspiels unter einer gerechten Arbeitsaufteilung die Teilung in *gleiche Teile* fordern, da ja die gleichen Fähigkeiten, Interessen und Bedürfnisse vorausgesetzt werden. Denn als Gruppenmitglied kenne ich die Fähigkeiten und Bedürfnisse des Anderen und weiß, dass sie den meinigen entsprechen.

Eine Übervorteilung des Anderen wird ausgeschlossen, da ich, indem ich mich in die Haltung des Anderen hineinversetze, erkenne, dass der Andere aufgrund seiner Bedürfnisstruktur eine solche Handlung nicht tolerieren kann. Da es sich ja außerdem noch um dauerhafte Regelungen handeln soll, besteht prinzipiell die Möglichkeit, dass auch ich einmal in die Lage des Anderen gerate.

Die Idee, die dieser kooperativen Tätigkeit entspricht, die *Idee der Gleichheit*, besagt, dass eine gleiche Verteilung der Aufgaben vorgenommen werden soll (Rawls 1977c, S. 127 ff.). Nach welchen *Prinzipien* richtet sich mein Vorschlag nach einer dauerhaften *Regelung der Aufgabenerfüllung*, wenn ich als Gruppenmitglied nur einen geringen Beitrag geliefert habe?

Ich weiß in diesem Fall durch das Einnehmen der Position eines Gruppenmitgliedes, das einen hohen Leistungsbeitrag geliefert hat, dass der Andere mein Verhalten nicht für gerecht hält. Er kann eine allgemeine Regel, nach der er immer mehr als ich arbeitet, nicht akzeptieren. Denn dies würde seine *Freiheit* einschränken.

Für den Fall eines geringeren Leistungsbeitrages eines Gruppenmitglieds kann ich davon ausgehen, dass dieses Mitglied jedoch auch weiß, dass andere Gruppenmitglieder eine solche Haltung wegen ihres erheblich höheren Leistungsbeitrages nicht akzeptieren würden.

Ich habe mir deshalb (auf der Grundlage des Wissens über die Haltungen der einzelnen untereinander) eine Meinung über die Haltung der organisierten Gemeinschaft gebildet und werde diese bei meiner Haltung in der Gruppendiskussion berücksichtigen. Die Frage nach den Prinzipien für eine dauerhafte Regelung, die als gerecht bezeichnet werden kann, dürften die Gruppenmitglieder nun beantworten können:

Die Überlegungen eines jeden Gruppenmitgliedes bewegen sich im Rahmen der regulativen Ideen *Freiheit und Gleichheit*. Die Gruppenmitglieder sehen auch, dass eine verstärkte Beobachtung des Gleichheitsprinzips bei anderen die reale Freiheit einschränken würde und dass dies auch umgekehrt der Fall ist. Mehr Freiheit (z. B. bezüglich der Entscheidung, welchen Beitrag ich leiste) verstärkt die Ungleichheit. Die konkrete Entscheidung für mehr Freiheit oder mehr Gleichheit wird sich bei dem Individuum nach persönlicher Bedürfnis- und Interessenlage, nach seiner Auffassung über die Haltung der organisierten Gemeinschaft und nach seiner grundsätzlichen Anschauung über den Wert des Anderen richten.

3.2.2 Zweite Phase des Lernprozesses: Übertragung des Gerechtigkeitssinnes auf gesellschaftliche Institutionen

So lassen sich aus dem gespielten Gruppenbildungsprozess und aus den alltäglichen Interaktionserfahrungen der Lerngruppe an dieser Stelle schon Elemente einer *regulativen Idee der Gerechtigkeit* herauskristallisieren, die auch *Gültigkeit für die Beurteilung gesamtgesellschaftlicher Interaktionen* besitzen und in dem folgenden Prinzip festgehalten werden können: Jeder hat das Recht auf größtmögliche Freiheit, soweit sie mit der *gleichen* Freiheit für alle vereinbar ist.

An dieser Stelle der Kommunikation im Lernprozess tritt die Frage auf: *Wie entscheide ich mich* jedoch, *wenn Gruppenmitglieder* nicht in der Lage sind, *einen gewünschten Leistungsbeitrag zu erbringen?* Wenn ich mich in die Situation des Anderen hineinversetze und grundsätzlich davon ausgehen muss, in die gleiche Situation hineinzugeraten, werde ich einer Regelung zustimmen, durch welche die Leistungen so verteilt werden, dass auch die Interessen des weniger Leistungsfähigen eine Berücksichtigung erfahren. Ich stimme also einer Regelung zu, nach der die Gemeinschaft als Ganzes oder Teile der Gemeinschaft die in Not geratenen Mitglieder unterstützen. Demnach orientiere ich mein Verhalten an der Idee der *Solidarität* oder *Subsidiarität*.

Welche pädagogischen Konsequenzen hat aber die *Anwendung* der Prinzipien *Freiheit/Gleichheit/Solidarität* oder *Subsidiarität* als Beurteilungskriterien für gesamtgesellschaftliche Interaktionen und *Institutionen* und politische Entscheidungen?

Es erscheint nämlich relativ problemlos, die Einsicht in die Prinzipien der Freiheit und Gleichheit zu vermitteln. Erfahrungsgemäß ist dies bei dem Prinzip der *Solidarität* – sowohl als persönliche Handlungsorientierung als auch als Prinzip, nach dem gesellschaftliche Entscheidungen gefällt werden sollten – nicht der Fall. Deshalb wird die politische Bildung verdeutlichen, dass die Verbindung zwischen dem in der Alltagsweltsituation einsehbaren Prinzip der Solidarität und den für die Gesamtgesellschaft gültigen Prinzipien letztlich in der *Moralauffassung* besteht, dass die für richtig erkannten Prinzipien auch dann Gültigkeit haben, wenn sie sich auf Personen beziehen sollten, die man nicht kennt. Gemeint ist also das Gegenteil jener weitverbreiteten, der aktiven Wahrnehmung der Bürgerrolle entgegenstehenden Haltung „doppelter Moral". Nach dieser handeln die Menschen im Primärgruppenbereich nach dem Prinzip der Gleichheit und der Solidarität, indem z. B. weniger erfolgreiche Familienmitglieder Unterstützung erfahren; allerdings sollen diese Prinzipien keine Gültigkeit mehr beanspruchen, wenn sie auf Arbeitslose, Alte, psychisch Kranke und andere gesellschaftliche Gruppen oder gar auf die Bevölkerung der Entwicklungsländer übertragen werden müssten. Für diese Gruppen und Länder sollen sodann die Prinzipien „Jeder ist seines

Glückes Schmied" o. ä. gelten. Der *letzte Grund moralischer Prinzipien* besteht in der Anerkennung des Anderen als Person mit den gleichen Grundbedürfnissen und ähnlichen Interessen und Gefühlen wie man sie selbst hat. Diese Anerkennung ist jedoch keine Frage der intuitiven Erfassung moralischer Qualitäten oder ein Ausdruck von Gefühlen „sondern es hängt vielmehr einfach davon ab, ob man sich auf eine bestimmte Weise verhält, durch die sich die Anerkennung der anderen als Person zeigt." (Rawls 1977a, S. 64) Also: „Man muss auf den anderen eingehen und ihm gegenüber auf bestimmte Weise handeln, um ihn als Person anzuerkennen." (ebd.)

Das zu fordernde Handeln, welches die aktive Wahrnehmung der Bürgerrolle ausmacht und durch das sich die moralische Persönlichkeit ausweist, zeigt sich nun daran, dass über den Primärgruppenbereich hinaus die Anwendung des *Gerechtigkeitsprinzips auf die Institutionen, an denen man beteiligt ist,* auf das politische System der Bundesrepublik, auf die politischen Systeme im Allgemeinen und auf die internationalen Beziehungen gefordert und nach diesen Forderungen auch konkret gehandelt wird.

Dabei sollte unter dem Gesichtspunkt der aktiven Wahrnehmung der Bürgerrolle der natürlich vorgegebene Gerechtigkeitssinn im Sinne der *Prinzipienschuld* (Rawls 1977c, S. 142 ff.) in zweifacher Weise entwickelt werden: „indem man sich für Übertretungen (der Prinzipien, C. D.) schuldig fühlt, selbst wenn den betreffenden Personen keine besonderen Mitgefühle gelten. (...) Der Gerechtigkeitssinn zeigt sich zweitens in der Bereitschaft, zum Aufbau gerechter Institutionen oder zur Verbesserung bestehender Institutionen beizutragen, wo die Gerechtigkeit es erfordert..." (Rawls 1977c, S. 143).

Bei einer solchen moralischen Haltung spielt also der Gleichheitsgedanke insofern eine Rolle, als von den Interaktionspartnern die Frage beantwortet werden muss, ob das Regelsystem, das dem Handeln Form und Struktur verleiht, von dem also die jeweiligen Positionen und Rollen abhängig sind, grundsätzlich akzeptiert wird. Dies umschließt auch die Beantwortung der Frage, ob die tatsächlich vorhandene Herrschaftsstruktur und die zwangsläufig hiermit verbundene Ungleichheit akzeptiert werden.

Eine solche Frage ist jedoch nur unter den beiden folgenden Bedingungen positiv zu beantworten:

„Wird der Gerechtigkeitsbegriff auf die grundlegende Struktur des politischen und sozialen Systems angewendet, so handelt es sich bei dem mit diesem Begriff verknüpften Prinzipien um die beiden folgenden:

1. Jeder daran Beteiligte oder davon Betroffene hat gleiches Anrecht auf die weitestreichende Freiheit, die noch mit gleicher Freiheit für alle verträglich ist;

2. Ungleichheiten (wie sie durch das Muster der Verteilung von Rechten und Pflichten definiert und erlaubt werden) sind willkürlich, es sei denn, es besteht die vernünftige Erwartung, dass sie sich zu jedermanns Nutzen entwickeln werden, und unter der Voraussetzung, dass die Positionen und Ämter, denen sie zukommen oder aus denen sie sich gewinnen lassen, allen offenstehen." (Rawls 1977c, S. 128)

Akzeptiert man eine solche Interpretation der Prinzipien ‚Freiheit und Gleichheit' für die Beurteilung gesamtgesellschaftlicher Institutionen und politischer Systeme, so wird man erst dann davon sprechen können, dass diese gerecht sind, wenn die fundamentalen Ordnungsprinzipien von den an der jeweiligen Institution Beteiligten grundsätzlich akzeptiert werden: „Eine Institution ist also dann gerecht oder fair, wenn sie den Grundsätzen genügt, die die daran Beteiligten einander in einer ursprünglichen Situation gleicher Freiheit zu wechselseitiger Anerkennung vorschlagen können." (Rawls 1977c, S. 127 f.)

Im Rahmen einer solchen Argumentation bedeutet der erste Teil der Gerechtigkeitsidee, nach dem jede Person, die an einer Institution beteiligt ist oder von ihr beeinflusst wird, das Recht auf die größte Freiheit besitzt, sofern sie mit der gleichen Freiheit für alle vereinbar ist – also die Prinzipien der Freiheit und Gleichheit – die Begründung der *Rechtsstaatlichkeit*.

Der zweite Teil, nach dem davon ausgegangen wird, dass Ungleichheiten willkürlich sind, es sei denn, dass sie sich zu jedermanns Vorteil entwickeln und die Positionen allen offenstehen, beschreibt die *Sozialstaatsidee*.

Soweit diese Prinzipien argumentativ begründet werden, dürfte ein breiter Konsens in Lerngruppen politischer Bildung hergestellt werden können. Die Kontroversen treten jedoch bei der inhaltlichen Fassung des Sozialstaatsprinzips verständlicherweise auf. Wird nämlich die in diesem Zusammenhang genannte Einschränkung ‚zu jedermanns Vorteil' auf die Repräsentanten der unteren Einkommensschichten bezogen und wird somit ein soziales/ökonomisches System nur dann als gerecht angesehen, wenn auch die untersten Lohngruppen Vorteile aus dem Gesamtsystem beziehen, dann dürfte im konkreten Fall tatsächlich schwer auszumachen sein, ob die entsprechenden politischen Entscheidungen gerade den am wenigsten Begünstigten nützen, wie die Debatte um den Mindestlohn zeigt.

Trotz dieser Orientierung an jedermanns Vorteil ist nämlich die Frage, ob der Staat durch Subventionen und alle möglichen Formen des Eingriffs und der Reglementierungen direkt für die untersten Schichten sorgen, also eine im üblichen Sinne mehr sozialistische Politik betreiben soll, oder ob er gerade auch wegen der unteren Einkommensschichten im liberalen Sinne eher die ‚Kräfte der Marktwirtschaft' freisetzt, nicht entschieden. Hingegen ist nur – im Sinne einer regulativen Idee – der Zweck politischen Handelns angegeben. Somit wird die Konkretisierung sozial- und gesellschaftspolitischer Maßnahmen immer Gegenstand heftiger Auseinandersetzungen sein müssen. Und es geht der politischen Bildung ja ‚nur' darum, dass diese Auseinandersetzung unter dem genannten Gesichtspunkt beurteilt und die Frage zum Lerngegenstand erhoben wird, ob die zu analysierende politische Entscheidung oder die grundsätzliche gesellschafts- und wirtschaftspolitische Konzeption dem Vergleich mit den genannten Prinzipien standhält.

Konkret ergeben sich aus dem Konzept der distributiven Gerechtigkeit (Rawls 1977b, S. 101) soziale und gesellschaftspolitische Maßnahmen, durch welche die weniger Begünstigten in der Steuerung des Umverteilungsprozesses – mag dieser nun im Sinne der Lenkungsfunktion des Staates stärker von diesem initiiert sein oder im Sinne der Ordnungsfunktion des Staates nur durch die Stabilisierung bestimmter Rahmenbedingungen gewährleistet sein – stärker berücksichtigt werden.

4 Zusammenfassung

1) Das Forschungsinteresse der politischen Ethik und der hermeneutischen Politikdidaktik überschneiden sich, wenn es darum geht, die moralische Dimension des öffentlichen Diskurses in seinem Bezug zu den politisch-moralischen Alltagsdiskussionen der Bürger zu systematisieren und zu typologisieren (Abschn. 1).

2) Bezugnehmend auf die öffentlichen Diskussionen, zeigt die Darstellung der logischen Struktur des Moralbegriffes sowie die Differenzierung von regulativen Ideen (Gerechtigkeit, Gemeinwohl, Frieden) und Werten (Freiheit, Gleichheit, Solidarität) deren Bedeutung und Funktion für die Analyse und Beurteilung politischer Probleme, wenn zwischen analytischen und normativen Begriffen unterschieden wird (Abschn. 2).

3) In der politikdidaktischen Strategie sind sodann die Konsequenzen aus den vorangegangenen Überlegungen zu ziehen, indem – in Anlehnung an John Rawls' Gerechtigkeitstheorie – ein politikdidaktisches Modell zur Ausbildung des Gerechtigkeitssinns dargestellt wird, durch das den Lernenden die Alltagsweltbedeutung der regulativen Ideen und Werte, sowie deren Übertragung auf gesamtgesellschaftliche Interaktionen und Institutionen einsehbar wird. Mit Hilfe des so entwickelten Gerechtigkeitssinns können die politisch Lernenden die für die politische Ethik bedeutsamen politischen Diskurse analysieren und beurteilen. Dabei bleibt im Kant'schen Sinne die Rationalität der „letzte Prüfstein der Wahrheit".

Literatur

Albert, Hans 5. verb. und erw. Aufl. 1991. *Traktat über kritische Vernunft*. Tübingen: Mohr
Berger, Peter/Luckmann, Thomas 1974. *Die gesellschaftliche Konstruktion der Wirklichkeit. Eine Theorie der Wissenssoziologie*. Frankfurt/M: S. Fischer Verlag.
Deichmann, Carl. 2004. *Lehrbuch Politikdidaktik*. München/Wien: Oldenbourg Verlag.
Deichmann, Carl. 2014. *Der neue Bürger. Politische Ethik, Bildung und politische Kultur*. Wiesbaden: Springer VS (im Erscheinen).
Deichmann, Carl/Juchler. Ingo, Hrsg. 2010. *Politik verstehen lernen. Zugänge im Politikunterricht*. Schwalbach/Ts.: Wochenschau Verlag.
Fischer, Peter. 2006. *Politische Ethik. Eine Einführung*. München: Wilhelm Fink Verlag.
Kant, Immanuel. 1995. *Was heißt: Sich im Denken orientieren?* In Werke in 6 Bänden, Bd. 6, 190–207, hrsg. Rolf Toman. Köln: Könemann Verlagsgesellschaft.
Kant, Immanuel. 1973. *Kritik der praktischen Vernunft*, hrsg. Joachim Kopper, Stuttgart: Philipp Reclam.
Knoepffler, Nikolaus. 2010. *Angewandte Ethik*. Köln/Weimar/Wien: Böhlau Verlag.
Kurt, Ronald. 2004. *Hermeneutik. Eine sozialwissenschaftliche Einführung*. Konstanz: UVK Verlagsgesellschaft.
Ladwig, Bernd. 2010. *Gerechtigkeitstheorien zur Einführung*. Hamburg: Junius Verlag.
Özmen, Elif. 2013. *Politische Philosophie zur Einführung*. Hamburg: Junius Verlag.
Popper, Karl. R.. 2. Aufl. 1974. *Objektive Erkenntnis. Ein evolutionärer Entwurf*. Hamburg: Hoffmann und Campe Verlag.
Popper, Karl R. Bd.2, 4. Aufl. 1975. *Die offene Gesellschaft und ihre Feinde*. München: A. Francke Verlag.
Rohe, Karl 2. Aufl. 1994. *Politik. Begriffe und Wirklichkeiten. Eine Einführung in das politische Denken*. Stuttgart: W. Kohlhammer Verlag.
Seiffert,Helmut 7. Aufl., Bd. 1 1974. *Einführung in die Wissenschaftstheorie*. München: C. H. Beck'sche Verlagsbuchhandlung.
Sutor, Bernhard. 1997. *Kleine politische Ethik*. Bonn: Bundeszentrale für politische Bildung.
Winch, Peter. 1. Aufl. 1974. *Die Idee der Sozialwissenschaft und ihr Verhältnis zur Philosophie*. Frankfurt/M: Suhrkamp Verlag.

Buch- und Zeitschriftenartikel

Deichmann, Carl. 2009. Hermeneutische Politikdidaktik und qualitative Forschung. In *Standortbestimmung Politische Bildung*, hrsg. Heinrich Oberreuter, 175–195. Schwalbach/Ts.: Wochenschau Verlag.
Deichmann, Carl. 2010. Politik verstehen: Zusammenhang zwischen dem Handeln der Politiker, der Öffentlichkeit und der politischen Bewusstseinsbildung. In *Politik verstehen lernen. Zugänge im Politikunterricht*, hrsg. Deichmann Carl, Juchler, Ingo, 22–32. Schwalbach/Ts.: Wochenschau Verlag.

Deichmann, Carl. 2013 a. Bedeutung von Symbolen im politischen Bewusstseinsbildungsprozess. Konsequenzen für Politikdidaktik, die politische Bildung und die qualitative Forschung. In *Zeitschrift für Didaktik der Gesellschaftswissenschaften*, H. 1/2013, S. 12–39. Schwalbach/Ts.: Wochenschau Verlag.

Deichmann, Carl. 2013 b. Der institutionenkundliche Ansatz: Mehrdimensionale Institutionenkunde. In Deichmann Carl, Christian K. Tischner, hrsg. Handbuch Dimensionen und Ansätze in der politischen Bildung, 86–100. Schwalbach/Ts.: Wochenschau Verlag.

Dicke, Klaus, Florian Weber. 2006. Politische Ethik. In *Einführung in die Angewandte Ethik*, hrsg. Knoepffler, Nikolaus, Peter Kunzmann, Ingo Pies, Anne Siegestleitner, 21–45. Freiburg/München: Verlag Karl Alber.

Dreier, Ralf. 1995. Amt, öffentlich-rechtlich. In *Staatslexikon. Recht, Wirtschaft, Gesellschaft*. Bd. 1, hrsg. Görres-Gesellschaft, Sp. 128–132. Freiburg/Basel/Wien: Verlag Herder.

Juchler, Ingo. 2014. Wissenschaftliche Grundlagen politischer Bildung: Hermeneutik. In *Handbuch politische Bildung*, hrsg. Wolfgang Sander, 53–65. Schwalbach/Ts.: Wochenschau Verlag.

Rawls, John. 1977a. Gerechtigkeit als Fairneß. In *Gerechtigkeit als Fairneß*, hrsg. Otfried Höffe 34–83. Freiburg: Karl Alber Verlag.

Rawls, John. 1977b. Distributive Gerechtigkeit – Zusätzliche Bemerkungen. In *Gerechtigkeit als Fairneß*, hrsg. Otfried Höffe 84–124. Freiburg: Karl Alber Verlag.

Rawls, John. 1977c. Der Gerechtigkeitssinn. In *Gerechtigkeit als Fairneß*, hrsg. Otfried Höffe 125–164. Freiburg: Karl Alber Verlag.

Soeffner, Hans-Georg. 2008. Sozialwissenschaftliche Hermeneutik. In *Qualitative Forschung. Ein Handbuch*, hrsg. Flick, Uwe, Ernst von Kardorf und Ines Steinke, 164–174. Reinbek bei Hamburg: Rowohlt Taschenbuch Verlag.

Soeffner, Hans-Georg. 2003. Handeln im Alltag. In *Handwörterbuch zur Gesellschaft Deutschlands*, hrsg. Schäfers, Bernhard, Wolfgang Zapf, 276–287. Bonn: Bundeszentrale für politische Bildung.

Online-Dokumente

AEMR: Allgemeine Erklärung der Menschenrechte der Vereinten Nationen vom 10. Dezember 1948. http://www.ohchr.org/EN/UDHR/Documents/UDHR_Translations/ger.pdf. Zugegriffen: 03.Januar 2014.

Narration und Wertebildung – Subjektive politische Ethiken als Potentiale Politischer Bildung
Überlegungen am Beispiel der ehemaligen DDR

Marc Partetzke

1 Einführung

Wie der Online-Präsenz der Gesellschaft für Politikdidaktik und politische Jugend- und Erwachsenenbildung zu entnehmen ist, befasst sich die *hermeneutische Politikdidaktik* u. a. mit „der Erforschung gesellschaftlicher und politischer Deutungen (…) sowie (…) der Untersuchung der Funktion dieser (…) Deutungen für die Bewusstseinsbildung der Jugendlichen" (GPJE 2013). Zwar müsste in diesem Zusammenhang noch genauer auf die wissenschaftstheoretische Einordnung einer solchermaßen ausgerichteten Politikdidaktik eingegangen werden – u. a. mit Bezug auf Cassirer, Gadamer, Voegelin und Rohe sowie in Abgrenzung zur sog. „Skeptischen Hermeneutik"[1]. Im Rahmen des hier vorliegenden Beitrags muss auf all dies allerdings verzichtet werden (zum Teil siehe Juchler). Wichtiger ist hier die Frage zu klären, in welchem Verhältnis eine hermeneutisch orientierte Politikdidaktik und die Politische Ethik zueinander stehen.

Dafür ist es zunächst notwendig, den Begriff „Politische Ethik" näher zu spezifizieren. Innerhalb der Philosophie beheimatet und dort dem Teilbereich „Angewandte Ethik" zugeordnet ist die *Politische Ethik* diejenige philosophische Teildisziplin, die sich politischer Phänomene im weiteren Sinne unter ethischen Gesichtspunkten annimmt. Gemäß den Aufgaben der Ethik als (angewandter) Wissenschaft – Thematisierung der Sprache der Moral, Rechtfertigung ethischer Normen und Entwicklung konsistenter ethischer Theorien (Knoepffler 2010, S. 18) – geht sie systematisch der Frage nach, ob das politische Handeln einer Person, Gruppe und/oder einer größeren Gemeinschaft durch eine vom Bewusstsein sittlicher Werte geprägten Gesinnung gekennzeichnet ist (Ethos) oder aber durch

---

[1] Grundlegend dazu – wenn auch mit einem anderen Fokus – ist Hunfeld (2004).

etwas anderes wie etwa reines (Macht-)Kalkül oder einen situationsspezifischen Pragmatismus.

Für unseren Zusammenhang entscheidend ist, dass sich zur Beantwortung dieser Frage nun aber keineswegs ausschließlich Philosoph/-innen berufen sehen (sollen), denn immerhin ist doch nahezu jeder politischen Meinung, jedem politischen Vor(aus-)urteil und jedem, von Schüler/-innen eingeforderten politischen Urteil – zumindest auch – eine mehr oder minder elaborierte Antwort auf eben diese Frage immanent. Wir alle sind also – ob nun gewollt oder nicht – politische Ethiker/-innen in einem weit verstandenen Sinne und verfügen damit über eine je subjektive und zum Teil mit anderen geteilte politische Ethik.

Folgt man diesem Gedankengang, so ist das oben genannte Verhältnis zwischen einer hermeneutisch ausgerichteten Politikdidaktik und der Politischen Ethik nach meinem Dafürhalten recht genau zu bestimmen, denn wenn sich die *hermeneutische Politikdidaktik* „der Erforschung gesellschaftlicher und politischer Deutungen (…) sowie (…) der Untersuchung der Funktion dieser (…) Deutungen für die Bewusstseinsbildung der Jugendlichen" (GPJE 2013) annimmt, dann hat sich eine solchermaßen ausgerichtete Politikdidaktik, die sich auf die Politische Ethik konzentriert, solcher Deutungen und der Frage nach ihren Funktionen für die politische Bewusstseinsbildung von Jugendlichen anzunehmen, die sich auf die ethischen Aspekte von Politik beziehen.

Anknüpfend an diese Überlegung möchte ich im Folgenden zeigen, dass insbesondere den *subjektiven,* also alltagsweltlichen und damit unwissenschaftlichen politischen Ethiken ein politikdidaktisches Potential inhärent ist. Um meine Ausführungen so wenig abstrakt wie möglich zu halten, werden sie durchweg an ein konkretes Beispiel und zugleich einen zentralen Gegenstand Politischer Bildung gebunden: die ehemalige *Deutsche Demokratische Republik* (DDR).

2 Die ehemalige DDR und Schüler/-innen – drei Ausgangsbefunde

Am 12. März 2013 erschien der elfte Tätigkeitsbericht des Bundesbeauftragten für die Unterlagen des Staatssicherheitsdienstes der ehemaligen DDR. Er enthält Informationen, an denen die Politische Bildung nicht ohne Weiteres vorbeikommt. Nicht nur dass die Anträge auf Akteneinsicht weiter gestiegen sind (BStU 2013, S. 46), mehr als 20 Jahre nach dem Ende der DDR wollen auch und immer mehr junge Menschen mehr über das Ministerium für Staatssicherheit (MfS) und die möglichen Verstrickungen ihrer Familien wissen (BStU 2013a). In den Worten Roland Jahns: „Das Interesse an der Beschäftigung mit der Diktatur ist lebendig. Eine neue Generation stellt frische Fragen" (ebd.).

Aus Sicht der Politischen Bildung scheint mir dies ein *erster* wichtiger Befund zu sein, denn trotz (oder gerade wegen) des – vermeintlich – so geringen DDR-spezifischen Wissens Jugendlicher besteht unter ihnen offenbar kein so geringes Interesse an der ehemaligen DDR, wie man aufgrund der Ergebnisse einiger prominent gewordener Studien (Arnswald et al. 2006; Deutz-Schroeder und Schroeder 2008), die vollkommen zu Recht scharf kritisiert worden sind (Borries 2008), hätte annehmen können.

Hierzu gesellt sich ein *zweiter*, nicht ganz unwesentlicher Befund: analysiert – oder besser gesagt: „sichtet"[2] – man die bundesdeutschen Lehrpläne der Politischen Bildung, dann fällt auf, dass die ehemalige DDR in nahezu jedem dieser Lehrpläne zum Unterrichtsgegenstand erhoben wird, wenn auch mit unterschiedlicher Schwerpunktsetzung. Mit anderen Worten: völlig unabhängig davon, ob sich Jugendliche mit der ehemaligen DDR befassen wollen oder nicht, im Schulunterricht müssen sie es.

Denkt man diese beiden Befunde – *Freiwilligkeit* und *Verpflichtung* – zusammen, ergibt sich ein *dritter* und, wie noch zu zeigen sein wird, nicht ganz unproblematischer Befund: wenn Jugendliche dazu bereit sind, sich auch außerhalb der Schule mit der ehemaligen DDR zu beschäftigen, dann erfahren sie – je nach konsultiertem Medium – nicht nur Unterschiedliches über den zweiten deutschen Staat, sondern kommen auch mit ganz unterschiedlichen Deutungen der ehemaligen DDR in Berührung. Wie soooft hat die Schule damit also nicht die alleinige Deutungshoheit inne.

3 Die ehemalige DDR – unterschiedlich erzählt

Nun mag man all' dies sicher als wenig problematisch einstufen und immerhin der erste der oben genannten Befunde darf sogar als positiv gewertet werden. Bedenkt man aber, dass der Schulunterricht keineswegs die die Jugendlichen am meisten prägendste *Quelle* bezüglich ihres DDR-spezifischen Wissens und ihrer DDR-bezogenen Orientierungen ist, sondern er hinter dem Fernsehen und neben den Gesprächen mit Eltern und Freunden rangiert (Arnswald et al. 2006, S. 146; Deutz-Schroeder und Schroeder 2008, S. 608), dann ergibt sich aus der Gesamtheit der oben präsentierten Befunde eine doch nicht ganz unproblematische Melange. Neben dem Schulunterricht als einem gewichtigen Teil des (1.) „offiziellen Narrativs", in dem, abgesichert durch Lehrpläne und Schulbücher, ein gewissermaßen „staatlich approbierte[s] DDR-Bild" (Sabrow 2009, S. 18) gezeichnet wird, sind die Bürgen der nach Deutz-Schroeder und Schroeder (2008, S. 608) „weitge-

---

2 Die Bezeichnung „Lehrplananalyse" hätte dies ganz sicher noch nicht verdient.

hend assoziativ[en]" jugendlichen Beurteilung der ehemaligen DDR damit nämlich ganz unterschiedliche, nicht selten mehr oder minder zweifelhafte *Narrative*. Zu denen, die die ehemalige DDR (2.) ästhetisch-medial und damit überwiegend fiktiv inszenieren, und die sich nach Martin Sabrow (2009, S. 14) durch „ihre[-] historische[-] Klischeebildung und narrative[-] Komplexitätsreduzierung" auszeichnen, gesellen sich jene, die Lutz Niethammer erst unlängst auf einer Tagung des Prora-Zentrums angeführt hat:

3) Narrative sog. „auratische[r] Zeitzeugen in den Medien, die man in anderen Ländern wesentlich respektloser ‚talking heads' nennt – also diese sprechenden Gesichter, die Geschichtsredakteure in ihre Dokumentationen hineinschneiden" (Niethammer 2013, S. 28),
4) Narrative, „in denen das Zeugnis des Überlebens weniger in seinen individuellen Variationen erscheint, sondern in denen eine Gruppe von Überlebenden ihr Gedächtnis als Kollektiv immer wieder erneuert, formt und manchmal geradezu eine Gedächtnisverschwörung anstellt" (ebd., S. 30),
5) Narrative von „Augen- oder Ohrenzeugen eines Ereignisses im engeren Sinne" (ebd.,S. 37), also solche, die erst bei *der* und durch *die* Suche nach (Zeit-)Zeugen entstehen, sowie
6) Narrative von „[l]ebensgeschichtliche[n] Zeugen ihrer selbst" (ebd.), also solche, bei denen ein Zeuge/eine Zeugin „nicht ein äußeres Geschehen oder einen anderen Sachverhalt bezeugen soll, sondern sich selbst: Er oder sie soll die eigene existenzielle Erfahrung erinnern oder reflektieren" (ebd., S. 35).

4 Die ehemalige DDR – unterschiedlich erinnert

Nun soll auf all diese Typen im Rahmen des hier vorliegenden Beitrags nicht detaillierter eingegangen werden und auch ihre – wenngleich dringend gebotene – je spezifische Bewertung ist an dieser Stelle nicht zu leisten (beides findet sich zumindest in Ansätzen bei Niethammer 2013). In jedem Fall aber ist hier darauf hinzuweisen, dass sich jeder der oben präsentierten Narrationstypen innerhalb eines Kontinuums verorten lässt, dessen markanteste Stellen mit den Begriffen „Diktaturgedächtnis" (Sabrow 2009, S. 18), „Arrangementgedächtnis" (ebd., S. 19) und „Fortschrittsgedächtnis" (ebd.) überschrieben werden können (siehe Tab. 4.1).

Nun mag man weder in der Existenz dieser drei *„Erinnerungslandschaften"* (Sabrow 2009, S. 18; Hervorh. M. P.) noch in der Tatsache, dass sich die oben genannten Narrative innerhalb des durch diese Landschaften konstituierenden Kontinuums verorten lassen, etwas Problematisches erkennen. Problematisch aber ist, und damit komme ich auf den eingangs erwähnten, dritten Befund zurück, dass

Tabelle 4.1 DDR-spezifische Erinnerungslandschaften nach Sabrow (2009)

Diktaturgedächtnis	Arrangementgedächtnis	Fortschrittsgedächtnis
• im Zentrum (…) des öffentlichen Gedenkens, auf den Unterdrückungscharakter der SED-Herrschaft und ihre mutige Überwindung in der friedlich gebliebenen Revolution von 1989/90 abhebend, • auf den Täter-Opfer-Gegensatz fokussiert, • räumt Verbrechen, Verrat und Versagen unter der SED-Herrschaft hohen Stellenwert ein und sieht in der Erinnerung an Leid, Opfer und Widerstand die wichtigste Aufgabe einer Vergangenheitsbesinnung, die im Dienst der Gegenwart Lehren aus der Geschichte ermöglichen und so vor historischer Wiederholung schützen soll, • normativ und teleologisch strukturiert; zeichnet die DDR als negatives Kontrastbild vor der Folie rechtsstaatlicher Normen und Freiheitstraditionen, denen der Kommunismus an der Macht buchstäblich von seiner ersten bis zur letzten Stunde Hohn sprach	• in Ostdeutschland bis heute vielfach dominant, • weiß vom richtigen im falschen Leben, • hält die Mühe des Auskommens mit einer mehrheitlich nicht gewollten, aber doch als unabänderlich anerkannten oder für selbstverständliche Normalität gehaltenen Parteiherrschaft in der Erinnerung, • verknüpft Machtsphäre und Lebenswelt, • verweigert sich der säuberlichen Trennung von Biographie und Herrschaftssystem (…) und pflegt eine erinnerungsgestützte Skepsis gegenüber dem neuen Wertehimmel des vereinigten Deutschland, die zwischen ironischer Anrufung und ostalgischer Verehrung der ostdeutschen Lebensvergangenheit oszilliert	• hält an der Idee einer legitimen Alternative zur kapitalistischen Gesellschaftsordnung fest, • denkt die DDR v. a. von ihrem Anfang her • baut seine Erinnerungen auf der vermeintlich moralischen und politischen Gleichrangigkeit der beiden deutschen Staaten auf, die zu friedlicher Koexistenz und gegenseitiger Anerkennung geführt hätten, wenn die Fehler der DDR-Führung, die Ungunst der Umstände oder die Machinationen des Westens nicht zur endgültigen oder nur vorläufigen Niederlage des sozialistischen Zukunftsentwurfes geführt hätten

Eigene Darstellung. Text nahezu wörtlich entnommen aus Sabrow (2009, S. 18 f.).

sich anders als in der Zeit von der Deutschen Wiedervereinigung bis zum Ende des 20. Jahrhunderts, in der sie „weitgehend ungestört und gleichgültig nebeneinander" (ebd., S. 20) existiert haben, diese drei „Bauformen der DDR-Erinnerung" (ebd.) mit dem Beginn des 21. Jahrhunderts „zunehmend in heftige[m] Disput" (ebd.) befinden. Nach Martin Sabrow bilden sie seitdem ein „tripolare[s] Kräftefeld" (ebd.), innerhalb dessen „die DDR-Vergangenheit täglich neu verhandelt [wird]" (ebd.). Ein kleines, aber deshalb nicht minder eindrückliches Beispiel soll dies verdeutlichen: das im Jahr 2010 von Werner Großmann und Wolfgang Schwanitz herausgegebene Buch *Fragen an das MfS: Auskünfte über eine Behörde.* Hier wenden sich – man denke an den ersten Ausgangsbefund zurück – der letzte Chef der Hauptverwaltung Aufklärung (HVA) und der ehemalige stellvertretende Minister für Staatssicherheit (später Minister des Amts für Nationale Sicherheit (AfNS)) explizit an Angehörige jüngerer Generationen. In der Kurzbeschreibung ihres Buches heißt es:

> „60 Jahre nach Gründung des MfS am 8. Februar 1950 scheint alles gesagt, geschrieben, gedruckt und gesendet. Es gibt keine Geheimnisse mehr. Aber ist bei den Jüngeren wirklich mehr bekannt als jene Grusel- und Schauermärchen, die seit 1990 absichtsvoll verbreitet werden? Und lassen sich diese Klischees nicht durch sachliche Informationen ersetzen? Verantwortliche Mitarbeiter des MfS kommen der Forderung nach, die in der Öffentlichkeit immer wieder an sie gestellt wird: Sie informieren ausführlich, detailliert und selbstkritisch über ihre Arbeit, über Geschichte, Strukturen, Tätigkeit und Methoden des Ministeriums" (Großmann und Schwanitz 2010).

In diesem Zusammenhang aufschlussreich sind die überwiegend anonymen Kurzrezensionen einiger Leser/-innen, die dieses Buch auf einem bekannten Online-Portal erworben haben. Während sich die einen folgendermaßen ausnehmen (und teils extrem negative Bewertungen anderer Leser/-innen auf sich ziehen):

> „Zwei Spitzenfunktionäre eines verbrecherischen Systems verteidigen ihr ‚Lebenswerk'. Das ergibt eine großartige Quelle für Historiker und Psychologen, welche die Verblendung bzw. Menschenverachtung hochrangiger Stasi-Täter analysieren und darstellen wollen. Leider ist das Buch nicht als Quelle gedacht, sondern wird als ‚selbstkritisch' und als ‚sachliche Information', die Klischees ersetzen, vermarktet. Ein Schlag in die Gesichter aller, die unter der Stasi leiden mussten und dank solcher Veröffentlichungen auch noch heute müssen. In der vorliegenden Form halte ich das Buch für extrem gefährlich, da es unkommentiert die Sicht der Täter präsentiert. (...) es ist eine subjektive Darstellung eines Unrechtsregimes aus Sicht der Täter – eine gute Quelle für Wissenschaftler, aber als Aufklärungsbuch über die Stasi denkbar ungeeignet (...) (Rezension addicted)",

weisen andere (wiederum deutlich positiver bewertete) folgenden Grundton auf:

> „Wie die Autoren des Buches richtigerweise feststellten, braucht jede Gesellschaft einen Geheimdienst, um sich vor feindlichen Elementen im Ausland oder im Inland zu schützen. Aus diesem Grunde hatte auch die DDR einen Geheimdienst, welcher die DDR vor Angriffen der Imperialisten abschirmte. Heute wird über das MfS von Seiten der Konzernmedien und ihrer Lakaien kübelweise Schmutz ausgeschüttet, immer mit dem Ziel, jeglichen Gedanken an eine fortschrittliche Gesellschaftsordnung zu unterbinden. Dieses Buch widerlegt wunderbar die gängigen Lügen über das MfS und zeigt den großen Beitrag, den es für die Erhaltung des Friedens leistete. Es sei jedem an der Wahrheit interessierten wärmstens empfohlen" (Rezension Horst).

Dass die Kontroverse über die vermeintlich richtige Deutung der DDR-Vergangenheit und den Stand ihrer Aufarbeitung nicht nur die „große Politik" in Schach hält, wie der unlängst von der Bundesregierung (2013) vorgelegte und im Bundestag äußerst kontrovers debattierte *Bericht zum Stand der Aufarbeitung der SED-Diktatur* gezeigt hat, sondern sie auch in der Alltagswelt von offenkundig großer Bedeutung ist, zeigt dieses Beispiel also überaus deutlich.

5 Subjektive, DDR-spezifische politische Ethiken – Potentiale für die Politische Bildung

Nun stellt sich freilich die Frage, was all dies mit Politischer Bildung, hermeneutischer Politikdidaktik und Politischer Ethik zu tun hat. Um sie zu beantworten, sollte man sich zunächst vergegenwärtigen, dass jede der oben aufgeführten „Erinnerungslandschaften" (Sabrow) letztlich nichts anderes ist als ein *geschichtspolitisches (Deutungs-)Lager*.[3] Das diese Lager unterscheidende Element stellt nun aber gerade – und eben dies ist für unseren Zusammenhang relevant – eine je *spezifische Antwort auf die die Politische Ethik umtreibende Frage* dar, nämlich: wie (un-)ethisch Politik ist – in unserem Fall also die der ehemaligen DDR – und welche Rolle der/die jeweils Einzelne darin einnimmt. Die Antworten können im Fall der ehemaligen DDR dabei ganz unterschiedlich ausfallen, wodurch sich überhaupt erst der oben beschriebene „Kampfplatz der Erinnerungen" (Sabrow 2009,

---

3 Nach Edgar Wolfrum (1999, S. 25 f.) ist Geschichtspolitik „ein Handlungs- und Politikfeld, auf dem verschiedene Akteure Geschichte mit ihren spezifischen Interessen befrachten und politisch zu nutzen suchen. Sie zielt auf Öffentlichkeit ab und trachtet nach legitimierenden, mobilisierenden, politisierenden, skandalisierenden, diffamierenden usw. Wirkungen in der politischen Auseinandersetzung."

S. 16) auftut, auf den sich früher oder später auch Schüler/-innen gestellt sehen. Martin Sabrow erklärt das damit,

> „dass die Geschichte der DDR im Gegensatz zu der des ‚Dritten Reiches' ungeachtet so vieler Übereinstimmungen in Herrschaftsinszenierung und Machtausübung eben keinen Zivilisationsbruch markiert. Die fundamentale Differenz des erinnernden Umgangs mit den beiden großen Diktatursystemen in Deutschland besteht darin, dass die sie begründenden Heilshoffnungen sich bei allen mörderischen Parallelen in der politischen Praxis sehr unterschiedlich zu den heute universal anerkannten Normen des menschlichen Zusammenlebens verhalten. Dem Nationalsozialismus ist der Glaube an die Ungleichwertigkeit der Menschen und das Recht des Stärkeren inhärent, während sich mit dem Kommunismus als politischem Manifest ungeachtet seiner strukturellen Gewaltorientierung und seines heilsgewissen Erlösungscharakters Ziele wie Gleichheit, Gerechtigkeit und Solidarität verbinden, die mit seinem politischen Scheitern ihren Wert nicht verloren haben. Der sozialistische Traum lässt mehr Lesarten zu als der nationalsozialistische Zivilisationsbruch" (ebd., S. 15).

Das aus Sicht der Politischen Bildung Entscheidende ist nun, und deshalb sollte sich auch die hermeneutische Politikdidaktik ihrer annehmen, dass das beschriebene Konkurrenzverhältnis zwischen den drei „Erinnerungslandschaften" (Sabrow) nicht etwa vor den Schultüren Halt macht, sondern vielmehr das genaue Gegenteil der Fall ist. So trifft ja gerade in Ostdeutschland das offizielle, „staatlich approbierte DDR-Bild" (Sabrow) auf Lehrer/-innen, Schüler/-innen sowie deren (Groß-)Eltern, die nicht selten (un-)mittelbare Angehörige eines anderen Lagers – meist dem des Arrangementgedächtnisses (ebd., S. 14, 19) – sind. Dies bestätigen u. a. die Ergebnisse des Thüringen-Monitors 2006, dessen Autoren konstatieren, dass

> „den jungen Thüringern insbesondere im Elternhaus ein tendenziell positives DDR-Bild vermittelt, das dann in der peer group (...) noch einmal wechselseitig bekräftigt wird. In der Schule wird dieses Bild nicht etwa in Frage gestellt, sondern tendenziell bestätigt. (...) Etwa in dieser Weise wird man sich die Genese einer DDR-Nostalgie auch unter denjenigen vorstellen müssen, die den untergegangenen Staat aus eigener Erfahrung kaum kennen" (Edinger et al. 2006, S. 67).

Dies aber bedeutet, dass die Angehörigen dieses (Deutungs-)Lagers ihre „soziale Erfahrungswelt" (Sabrow 2009, S. 14) und damit auch ihre je subjektiven politischen Ethiken durch das offizielle Narrativ des Diktaturgedächtnisses einem mehr oder minder radikalen Überstülpungsversuch ausgesetzt sehen, was Vermeidungsverhalten, Abwehrreaktionen und/oder schlimmstenfalls „voneinander abgeschottete Parallelgedächtnisse erzeugt" (ebd.). Unterstützt wird dieser Prozess durch die in Punkt 2 genannten, ästhetisch-medial inszenierten, fiktiven DDR-Narrative, von denen viele ebenfalls dem Arrangementgedächtnis zuzuordnen sind und die nicht zuletzt angesichts des jugendlichen Mediennutzungsverhaltens und „trotz oder auch wegen ihrer historischen Klischeebildung und narrativen Komplexitätsreduktion stärker und nachhaltiger zur Verortung der DDR im kollektiven Gedächtnis bei[tragen] als jede andere [etwa schulische; Anm. M. P.] Form der Vergangenheitsvergegenwärtigung" (ebd.).[4]

Nun muss man deshalb freilich nicht den Abgesang wissenschaftlicher Erkenntnisse und/oder politisch-bildnerischer Bemühungen befürchten. Was man sich aber eingestehen sollte ist, dass beide hinsichtlich ihrer Wirkung und Strahlkraft den medialen DDR-Inszenierungen und den den Schüler/-innen überlieferten subjektiven, DDR-spezifischen politischen Ethiken meist hoffnungslos hinterherhinken (ebd.). Nicht zuletzt da man Lernenden die Begegnung mit ihnen bekannten, da alltagsweltlich tradierten DDR-Deutungen verwehren würde, scheint es also wenig sinnvoll zu sein, sie im Politikunterricht gewissermaßen *in medias res* mit mehr oder minder geläufigen Etiketten wie „Stasi-Staat", „Unrechtsstaat" oder unterschiedlich attribuierten Diktaturbegriffen – so gerechtfertigt diese auch immer sein mögen – zu konfrontieren. Gerade dort nämlich, wo Bildungsbemühungen „lebensweltlich tradierte Bilder" (Sabrow 2009, S. 14) rigoros auszulöschen versuchen, führen sie doch nur selten zum gewünschten Erfolg (ebd.). Abgesehen davon spricht für die hier vorgeschlagene Begegnung auch und insbesondere die bis hierhin skizzierte gesellschaftliche Realität selbst. Ein Politikunterricht, der neben dem offiziellen Narrativ des Diktaturgedächtnisses die anderen Narrations- bzw. Gedächtnisformen gar nicht erst zulässt, ihre Existenz verschweigt und/oder leugnet, würde nämlich zwangsläufig einigermaßen weit an der außerschulischen Realität vorbeigehen und damit nicht nur einen Alltagsweltbezug vermissen lassen, sondern auch gegen das Kontroversitätsgebot sowie das Überwältigungsverbot des Beutelsbacher Konsens verstoßen. Nicht um ihnen vorzuschreiben, was sie zu denken bzw. wie sie sich – stellvertretend – „richtig" zu „erinnern" haben, sondern um Schüler/-innen

a) für die Existenz unterschiedlicher, DDR-spezifischer Narrative und deren Zugehörigkeit zu bestimmten geschichtspolitischen (Deutungs-)Lagern zu sensibilisieren (Wissen),

---

4   Dazu zählen etwa *Sonnenallee* oder der mehrfach ausgezeichnete Kassenschlager *Good bye, Lenin!*

b) sie dazu zu befähigen, Vereinnahmungsversuche rechtzeitig als solche identifizieren zu können und diesen nicht „auf den Leim" zu gehen (Analyse) und es ihnen letztlich
c) zu ermöglichen, für sich selbst zu ergründen, wie sie sich – stellvertretend – „erinnern" wollen, welchem (Deutungs-)Lager sie sich also aus welchen *guten* Gründen anschließen möchten (Urteil),

sollte sich die hermeneutische Politikdidaktik also mit subjektiven, DDR-spezifischen politischen Ethiken befassen und der Politikunterricht eben diese zum Gegenstand machen. Meines Erachtens kann allenfalls dies – nicht zuletzt vor dem Hintergrund der hier skizzierten gesellschaftlichen Realität – dazu beitragen, das oben erwähnte, schülerseitige Gefühl eines Überstülpungsversuchs wenn auch nicht aufzuheben, so doch zumindest zu minimieren und damit überhaupt erst die Bereitschaft dazu erzeugen, sich mit den in aller Regel unhinterfragt angeschlossenen (Deutungs-)Lagern und damit den (inter-)subjektiven und alltagsweltlich tradierten politischen Ethiken kritisch auseinanderzusetzen.

6 Subjektive, DDR-spezifische politische Ethiken – empirisch erhoben

Damit bleibt abschließend die Frage zu klären, wie an diese subjektiven politischen Ethiken *empirisch* „heranzukommen" ist, zumal diese, jedenfalls dann, wenn sie nicht zum Diktaturgedächtnis gezählt werden können, nicht immer öffentlich und/oder einem exakt auszumachenden Sender zuordenbar kommuniziert werden (siehe oben). Nicht zuletzt vor dem Hintergrund meines laufenden Dissertationsprojektes zum biographisch-personenbezogenen Ansatz in der Politischen Bildung (Partetzke 2013) und einer politikdidaktischen (Auto-)Biographieforschung (Partetzke i. V.) sehe ich in *autobiographisch-narrativen Interviews* ein dafür adäquates methodisches Instrument.

Ziel dieser von Fritz Schütze entwickelten Interviewform ist es, ganz allgemein, solche Texte zu erzeugen, die dem sechsten Narrationstypus zuzuordnen sind, also *Erzählungen*, bei denen der/die Interviewte „nicht ein äußeres Geschehen oder einen anderen Sachverhalt bezeugen soll, sondern sich selbst" (Niethammer 2013, S. 35). Dabei ist die Besonderheit, dass Schütze, der sie zusammen mit seinem Freund und Kollegen Werner Kallmeyer entwickelt hat, diese Interviews erzähltheoretisch fundiert (Nohl 2006, S. 23) und ihnen „eine biographietheoretische Methodologie beigefügt [hat]" (ebd.) Zentrale Idee der ihnen zugrunde liegenden Erzähltheorie ist es, dass die durch den speziellen Charakter dieser Interviews provozierten „Zugzwänge" (Schütze 1984, S. 78) zu einer nachvollziehbaren (kohäsiven und kohärenten), auf das Wesentliche verdichteten (informativen und relevanten) und für das Verständnis ausreichend detaillierten „Stegreiferzählung" (ebd.) der Interviewten führen sollen. Jedoch kommt es mit und in diesen Interviews keineswegs nur zur Realisierung einer „reinen" (Lebens-)Erzählung, also zu einer „differenzierte[n] Darstellung eines konkreten (selbst erlebten) Ereignisses oder Prozesses in seinem zeitlichen Ablauf" (Kleemann et al. 2009, S. 66), wie sie in *Interviewausschnitt 1* zu sehen ist.

Interviewausschnitt 1[5]
„((…)) und äh *da* war ich Jungpionier ((…)) und in in in in äh in der Lehre war ich äh (.) wie nannte sich (--) Aktivleiter ((…)) und und äh *da* wars'te in der FDJ tätig ((…)) Ja hier Kampfgruppe war ich *dann* gezwungenermaßen du warst ja *dann* als ((…)) äh äh Abteilungsleiter ((…)) *dann* äh also in der APO-Leitung war ich Leitungsmitglied ((…)) so *dann* eben äh die Nationale Front Vorsitzender ((…))"

Damit der/die Interviewte nämlich (über) sein/ihr Leben erzählen kann, kommt es mit und in einem solchen Interview immer auch zur „Konstruktion sozialer und materialer Welten" (Lucius-Hoene und Deppermann 2002, S. 61), innerhalb derer sich der/die Interviewte überhaupt erst als ein denkendes, handelndes, erduldendes usw. Subjekt verorten kann. Dieses *world-building* ist *Interviewausschnitt 2* zu entnehmen.

Interviewausschnitt 2
„((…)) dass es bei uns im Elternhaus kein Wandeln zwischen zwei <<F>Welten> gab .h es gab ja viele Fa- Ver- äh Familien oder Verhältnisse wo man gesagt hat ‚Naja da woll'mer mal umschalten woll'mer mal gucken was die anderen dazu sagen und dann bilden mer uns unsere Meinung' und so .hh also ich habe äh solche Dinge eigentlich dieses ich sage mal ‚Wandern zwischen zwei Welten' äh hab ich eigentlich nie erfa:hren .hh die:: Eltern (.) verhielten sich sehr sehr prinzipienfest äh (-) es gab da kein hin und her ((…))"

Darüber hinaus bezieht der/die Interviewte, da er/sie sich fortlaufend als das mit und in einem solchen Interview beschriebene Subjekt präsentiert, gegenüber sich selbst Stellung, er/sie „interpretiert und bewertet sich, differenziert und vergleicht seine Erfahrungen und Erinnerungen" (ebd., S. 67; siehe *Interviewausschnitt 3*).

---

5 Anmerkung: Kursiv gesetzt sind die sog. „Rahmenschaltelemente", die als Gliederungsmarker (auf a folgt b, auf b folgt c usw.) einer Erzählung fungieren. Alle Interviewausschnitte sind Partetzke (i. V.) entnommen.

Interviewausschnitt 3
„((...)) dann h äh habe ich mir gesagt auf der Grundlage meiner Erziehung und n::ach allem was ich erlebt habe äh ‚Du trittst in diese Partei ein' SED ((...))"

Neben Erzähltexten werden mit und in autobiographisch-narrativen Interviews also immer auch andere Textsorten realisiert, nämlich Beschreibungs- und Argumentationstexte (siehe Tab. 6.1).

Damit liegen die Vorteile dieser Interviews für die empirische Erfassung subjektiver, DDR-spezifischer politischer Ethiken nach meinem Dafürhalten klar auf der Hand: da autobiographisch-narrative Interviews Stegreiferzählungen provozieren, sind die Interviewten – wenn auch sanft, so doch unweigerlich – stets dazu „gezwungen", neben Erzählungen und Beschreibungen immer auch Deutungen vorzunehmen, die sie zudem argumentativ stützen – zumindest aber erläutern – müssen, da ohne diese Deutungen und deren Begründungen die Plausibilität der Gesamterzählung für den Interviewer/die Interviewerin nicht gewährleistet wäre, ihm/ihr die präsentierte Narration also mehr oder minder unzugänglich bliebe. Das aber heißt, dass die uns hier interessierenden Deutungen in aller Regel nicht explizit erfragt werden müssen, sondern von den Interviewten gleichsam *en passant* „mitgeliefert" werden, wie *Interviewausschnitt 4* zeigt.

Interviewausschnitt 4
„((...)) und das sind so (-) Reibungspunkte gewesen und wo och äh 'ne gewisse Unzufriedenheit da war das ist einfach so aber das war halt geschuldet dem äh die ham gesagt ‚Ja gut der Staat der hat jetzte viel Geld ausgegeben' weil es war ja alles kostenlos du brauchtest .h du hast kein Stipendium also du hast 'n Stipendium gekriegt und du brauchtest für die Ausbildung nix zu bezahlen die war die war kostenlos egal ob du wie ich jetzt 'n Agraringenieur gemacht hast oder du hast äh Facharzt für Orthopädie gemacht also da das war eigentlich egal was de studiert hast du musstest Leistung haben das musste sein du brauchtest och 'n bissel 'n Parteibuch danach aber ähm wenn du das wenn du das erreichen wolltest konntest du das schon wenn jetzt nicht ähm ja wenn de jetzt nich (--) wenn dein Verhalten nich so war dass de dich total kon- äh gegen gegen den Staat ausgesprochen hast aber ähm das passiert dir ja heute auch wenn du wenn du äh dich jetzte total gegen den Staat oder gegen den Staat rebellierst .hh ähm h dann äh wirste das nicht erreichen was de erreichen willst außer du du nutzt die Gewalt dazu und ähm gut ((...))"

Und selbst dann, wenn diese Beiläufigkeit einmal nicht „greifen" sollte und deshalb ausdrücklich nach den subjektiven, DDR-spezifischen politischen Ethiken gefragt werden muss, so ist der/die Interviewte doch auch dann dazu „gezwungen", seine/ihre Deutungen und deren Begründungen in ein „Kompatibilitätsverhältnis"

Tabelle 6.1 Dimensionen narrativer Identität und ihre sprachlichen Darstellungsformen

Dimension/ Darstellungsform	Merkmale	sprachliche Indikatoren
temporale Dimension/ Erzählung	• differenzierte Darstellung eines konkreten (selbst erlebten) Ereignisses oder Prozesses in seinem zeitlichen Ablauf, • meist präzise Angaben über Ort, Zeit, Beteiligte und weiteren Kontext, • hoher Detaillierungsgrad	„1948", „letzten Monat", „in München", „Erst …, dann … und zum Schluss …"
soziale Dimension/ Beschreibung	• zusammenfassende bzw. resümierende Darstellung wiederkehrender, gleichartiger Sachverhalte, • oft sprachliche Hinweise auf den generalisierenden Charakter der Darstellung oder verallgemeinernde Zeitangaben	„normalerweise", „immer", „jedes Jahr im Sommer", „montags"
selbstbezügliche Dimension/ Argumentation	• Fokus auf generelle kausale Zusammenhänge mit dem Ziel der Begründung bzw. Rechtfertigung einer bestimmten Einstellung oder Verhaltensweise	„denn", „also", „von daher", „weil", „obwohl", „deswegen"

Ergänzt und leicht verändert entnommen aus Kleemann u. a. (2009, S. 66).

zu der von ihm/ihr bis dahin präsentierten Gesamtnarration zu bringen. Damit hat ein solches autobiographisch-narratives Interview gegenüber anderen – etwa (teil-)standardisierten – Befragungsformen nicht nur den Vorteil, dass sich potentielle Interviewpartner/-innen nicht bereits im Vorfeld eines Interviewtermins in Antizipation des sie Erwartenden ihre Antworten „zurecht" legen können; mit hoher Wahrscheinlichkeit wird mit ihnen auch das Risiko bestimmter Verzerrungseffekte – wie etwa das der sozialen Erwünschtheit ihrer Antworten – minimiert, wodurch ein recht unverstellter Blick auf ihre „tatsächlichen" subjektiven politischen Ethiken möglich wird.

Literaturverzeichnis

Arnswald, Ulrich et al. (Hrsg.). 2006. *DDR-Geschichte im Unterricht. Schulbuchanalyse – Schülerbefragung – Modellcurriculum.* Berlin: Metropol-Verlag.
Borries, Bodo von. 2008. *Vergleichendes Gutachten zweier empirischer Studien über Kenntnisse und Einstellungen von Jugendlichen zur DDR-Geschichte.* Hamburg.
BStU. 2013. Elfter Tätigkeitsbericht des Bundesbeauftragten für die Unterlagen des Staatssicherheitsdienstes der ehemaligen Deutschen Demokratischen Repub-

lik für die Jahre 2011 und 2012. http://www.bstu.bund.de/DE/Bundesbeauftragter UndBehoerde/Taetigkeitsberichte/11_taetigkeitsbericht_pdf.pdf?__blob= publicationFile. Zugegriffen: 29. März 2013.

BStU. 2013a. Pressemitteilung des Bundesbeauftragten für die Stasi-Unterlagen (BStU). Erscheinungsdatum 12.03.2013. Übergabe des 11. Tätigkeitsberichts an den Bundestag. http://www.bstu.bund.de/DE/Presse/Pressemitteilungen/Pressemitteilungen-2013/2013_03_12_uebergabe-elfter-taetigkeitsbericht.html. Zugegriffen: 29. März 2013.

Deutz-Schroeder, Monika und Klaus Schroeder. 2008. *Soziales Paradies oder Stasi-Staat? Das DDR-Bild von Schülern – ein Ost-West-Vergleich*. Stamsried: Vögel.

Die Bundesregierung. 2013. Bericht der Bundesregierung zum Stand der Aufarbeitung der SED-Diktatur. http://www.bundesregierung.de/Content/DE/_Anlagen/BKM/2013-01-08-bericht-aufarbeitung-sed-diktatur.pdf;jsessionid=C314 25019F1130F23A5A92E63322C2A7.s2t1?__blob=publicationFile&v=1. Zugegriffen: 29. März 2013.

Edinger, Michael et al. 2006. *Politische Kultur im Freistaat Thüringen. Thüringens Zukunft aus Bürgersicht. Erwartungen, Herausforderungen, Gestaltungsmöglichkeiten. Ergebnisse des Thüringen-Monitors 2006*. Im Auftrag der Thüringer Staatskanzlei. Erfurt. http://www.thueringen.de/imperia/md/content/homepage/politisch/thueringen-monitor_2006.pdf. Zugegriffen: 21. Februar 2013.

GPJE. 2013. Arbeitskreis Hermeneutische Politikdidaktik. http://www.gpje.de/index.php?option=com_content&view=section&layout=blog&id=14&Itemid=11. Zugegriffen: 20. Februar 2013.

Großmann, Werner und Wolfgang Schwanitz (Hrsg.). 2010. *Fragen an das MfS. Auskünfte über eine Behörde*. Berlin: Ed. Ost.

Hunfeld, Hans. 2004. *Fremdheit als Lernimpuls. Skeptische Hermeneutik, Normalität des Fremden, Fremdsprache Literatur*. Meran: Alpha-beta-Verlag.

Juchler, Ingo. 2014. Wissenschaftstheoretische Grundlagen politischer Bildung: Hermeneutik. In *Handbuch politische Bildung*, hrsg. Wolfgang Sander, 53–65. 4., völlig überarb. Aufl. Bonn: Lizenzausgabe für die Bundeszentrale für politische Bildung. Wochenschau Verlag.

Kleemann, Frank et al. 2009. *Interpretative Sozialforschung. Eine praxisorientierte Einführung*. Wiesbaden: VS Verlag für Sozialwissenschaften.

Knoepffler, Nikolaus. 2010. *Angewandte Ethik. Ein systematischer Leitfaden*. Köln u.a.: Böhlau.

Kurzrezensionen zu Großmann/Schwanitz. http://www.amazon.de/product-reviews/ 3360018133/ref=dp_db_cm_cr_acr_txt/275-3839938-0732404?ie=UTF8&showViewpoints=1. Zugegriffen: 29. März 2013.

Lucius-Hoene, Gabriele und Arnulf Deppermann. 2002. *Rekonstruktion narrativer Identität. Ein Arbeitsbuch zur Analyse narrativer Interviews*. Opladen: Leske + Budrich.

Niethammer, Lutz. 2013. Der Zeitzeuge – eine Schimäre? *Lernen aus der Geschichte. Magazin. Sonderausgabe Februar 2013*: 26–41.

Nohl, Arnd-Michael. 2006. *Interview und dokumentarische Methode. Anleitungen für die Forschungspraxis*. 3. Aufl. Wiesbaden: VS Verlag für Sozialwissenschaften.

Partetzke, Marc. 2013. Der biographisch-personenbezogene Ansatz in der politischen Bildung. In *Handbuch Dimensionen und Ansätze in der politischen Bildung,* hrsg. Deichmann, Carl und Christian K. Tischner, 301–313. Schwalbach/Ts.: Wochenschau.

Partetzke, Marc. i. V. *Politikdidaktische (Auto-)Biographieforschung. Zur Begründung und Bedeutung des biographisch-personenbezogenen Ansatzes in der politischen Bildung.*

[Rezension addicted] *addicted to free speech.* 2010. Zwei Spitzenfunktionäre verteidigen ihr „Lebenswerk". Amazon. http://www.amazon.de/product-reviews/3360018133/ref=dp_db_cm_cr_acr_txt/275-3839938-0732404?ie=UTF8&showViewpoints=1. 6. März 2010. Zugegriffen: 29. Dezember 2013.

[Rezension Horst] Herr Horst. 2011. *Notwendige Aufklärung.* Amazon. http://www.amazon.de/product-reviews/3360018133/ref=dp_db_cm_cr_acr_txt/275-3839938-0732404?ie=UTF8&showViewpoints=1. 10. März 2011. Zugegriffen: 29. Dezember 2013.

Sabrow, Martin. 2009. Die DDR erinnern. In *Erinnerungsorte der DDR,* hrsg. Ders., 11–29. München: Beck.

Sutor, Bernhard. 2011. Rationale politische Urteilsbildung – Politische Bildung auf der Grundlage praktischer Politikwissenschaft bei Bernhard Sutor. Neue Grundlegung politischer Bildung. In *Klassiker der Politikdidaktik neu gelesen. Originale und Kommentare,* hrsg. Michael May und Jessica Schattschneider, 142–151. Schwalbach/Ts: Wochenschau Verlag.

Schütze, Fritz. 1984. Kognitive Strukturen autobiographischen Stegreiferzählens. In *Biographie und soziale Wirklichkeit. Neue Beiträge und Forschungsperspektiven,* hrsg. Kohli, Martin und Günther Robert, 78–117. Stuttgart: Metzler.

Wolfrum, Edgar. 1999. *Geschichtspolitik in der Bundesrepublik Deutschland. Der Weg zur bundesrepublikanischen Erinnerung. 1948–1990.* Darmstadt: Wiss. Buchgesellschaft.

Der (auf-)gegebene Rest
Politikdidaktische Markierungen einer Ethik
des Undarstellbaren

Werner Friedrichs

1 Aus- und Über(-)Blick

„Ethik ist die Reflexionstheorie der Moral" (Luhmann 1989), diese Formel prägte Luhmann, um Fragen der Ethik von jenen der Moral abzugrenzen. Moral lässt sich nach Luhmann als Codierung und Formatierung eines Sinnsystems verstehen, in dem Handlungs- und Erwartungsmuster sedimentiert sind, die als Rahmen für die soziale Praxis bzw. als Orientierungshilfe in der Gesellschaft fungieren – in der Ethik werden solche (politisch-kulturellen) Systeme reflektiert. Nun ist weithin bekannt, dass man in schwieriges Fahrwasser gerät, wenn man in der Systemtheorie versucht, Handlungsrahmen o. Ä. auszuweisen. Schließlich legt Luhmann eine Heuristik vor, deren Ausgangspunkt darin besteht, von unabhängigen Subjekten als Kern eines Vergesellschaftungsprozesses Abstand zu nehmen. Es ist aber voreilig – auch wenn dies vielerorts geschieht – die theoretische Blaupause Luhmanns, nach der sich die Menschen in der Umwelt sozialer Systeme befänden, zu überhöhen, indem man sie mit der generellen Verabschiedung der Menschen aus den Sozialwissenschaften oder gar aus der Gesellschaft gleichsetzt und damit gleichzeitig die Systemtheorie als untauglich für Fragen der Ethik erklärt. Denn Luhmann geht es im Kern um eine Verschiebung der epistemologischen Folie, auf der das Verhältnis von Bewusstsein und Gesellschaft gedacht werden kann (vgl. dazu auch die Beiträge in Fuchs und Göbel 1994).

Dass diese Verschiebung der Zentrierungsverhältnisse, die mit Bezug auf die Frage nach dem Menschen *weg* von der Annahme einer *Substanzialität* der Subjektivität *hin* zu einer *Adressabilität* der Subjektivität verläuft (vgl. dazu Fuchs 1997, Friedrichs 2013a), verkannt wird, liegt u. a. in den von Luhmann benutzten Theoriestücken begründet. Denn auf den ersten Blick scheinen die autopoietischen Systeme, die als heuristische Folie etwa bei der Entwicklung der konstruktivistischen Didaktik Pate gestanden haben, allein auf die Unabhängigkeit und den

Solipsismus aller sinnverarbeitenden Systeme abzustellen. Auf den zweiten Blick zeigt sich ein der „autopoietischen Wende" zugrunde liegender differenztheoretischer Zuschnitt der Systemtheorie (vgl. zum Folgenden auch Friedrichs 2008), der das Denkgebäude in einem anderen Licht erscheinen lässt: demnach entwickeln sich gesellschaftliche Sinnsysteme über operative Differenzen. Das heißt, eine Abgrenzung bzw. der Ausweis einer sinnhaften Einheit oder eines sinnhaften Ereignisses ist immer auch eine Funktion der ausgrenzenden Einheit – der herstellenden (operativen) Differenz. In diesem Sinne sind die Subjekte nur deshalb unabhängige Individuen, die sich zur Gesellschaft verhalten können, *weil* die Gesellschaft sie ausgegrenzt hat. Das heißt eben nicht, dass sich die Gesellschaft einzig gegen die vorhandenen und so-seienden Subjekte abgedichtet und verselbstständigt hat, sondern durch einen spezifischen Ausschluss des Menschen (der genaugenommen in einem ebenso spezifischen Einschluss besteht) bedingt die Gesellschaft zuallererst Subjektivität. In dieser aporetischen Anlage – der Produktion und Einsetzung eines adressierbaren Handlungszentrums durch seinen „Ausschluss" – zeigt sich ein wichtiges Konstruktionsprinzip der Luhmannschen Systemtheorie: ein durch Differenzen metrisierter durchgängiger *Immanentismus*[1]. Gesellschaft, Funktionssysteme, Umwelten, Subjekte sind durch operative (kontingente, unsichtbare) Differenzen in ein großes Übergangsfeld eingebunden, das durch differenzierende (konkrete, sichtbare) Differenzen organisiert ist. Die den folgenden Ausführungen zugrunde liegende These ist, dass eine politische Ethik auch in einem entsprechenden makrotheoretischen Aufriss gedacht werden kann.

Die einer solchen Konstellation einbeschriebene Logik folgt nicht einem Grundgedanken, wonach die Reflektionstheorie der Moral allein im Ausgang von einem unabhängigen freien Willen gedacht werden kann. Schließlich ist die Annahme eines freien Willens unlängst radikaler in Frage gestellt worden, als es die Sozialphilosophie seit ihrer Gründung schon immer getan hat. So stellen Ansätze unterschiedlichster Provenienz – etwa Hirnforschung, Bewusstseinsphilosophie, Ideologietheorie oder Poststrukturalismus – heraus, dass es sich bei der Annahme eines freien Willens um eine „Illusion von Autonomie" (Meyer-Drawe 1990) handeln könnte. Daraus ist aber eben nicht kurzschlüssig zu folgern, dass damit auch der systematischen Entwicklung einer (politischen) Ethik die Grundlage entzogen ist. In diesem Sinne markiert Luhmann eine gern übersehene Einsatzstelle,

---

1 Eine ähnliche theoretische Figur lässt sich aus einer Parallelstellung zur Sozialphilosophie von Deleuze herleiten. Darauf hat u. a. Dirk Baecker häufig hingewiesen (z. B. 1996). Insoweit ist der oben genannte Begriff des Immanentismus ein Stück weit der Diskussion der architektonischen Grundmuster des Deleuzianischen Universums entlehnt (vgl. etwa Rölli 2003, S. 333 ff.).

der ich heute u. a. unter Zuhilfenahme der Überlegungen Jacques Rancières nachgehen möchte: Denkt man sich einen *produktiven Immanentismus*, stellen operative (kontingente) Differenzen eine entscheidende Dimension der gesamten Anlage des gesellschaftlichen Sinnhorizontes und seiner Normativität dar, indem sie das Verhältnis spezifischer Einheiten in konkreten Differenzen zueinander organisieren – und damit zurechenbare, „adressierbare", „handelnde" Identitäten zuallererst produzieren (vgl. zur Veranschaulichung statt vieler Hall 1997, Woodward 1999). Allerdings lassen sich die kontingenten Differenzen, deren Wirksamkeit zwar an den Ereignissen und konkreten Differenzen im politischen Imaginären einer Gesellschaft „ablesbar" ist, selbst nicht (im Sinne einer Abbildbarkeit) eindeutig darstellen – die organisierende Differenz – die auch den Abstand zwischen Moral und Ethik operational begründet – bleibt selbst unsichtbar.[2] Rancière figuriert diesen Abstand u. a. in der Unterscheidung zwischen einer radikalen Gleichheit, in der *alles* einander gleicht (kontingente Differenzen), und einer kategoriengeleiteten Gleichheit (konkrete Differenzen) (vgl. dazu Rancière 2007, S. 88 ff.; 2012, S. 167 ff.). Damit wird, wenn es in einer politischen Ethik um die Reflektion der Schreib- und Konstruktionsweisen sinnhafter symbolischer Einrichtungen der Gesellschaft geht, eine spezifische Form der Undarstellbarkeit, die jenen Einrichtungen „unterliegt", zu einem antreibenden Moment.

In den folgenden Ausführungen sollen Überlegungen dazu angestellt werden, welche Orientierungslinien eine politische Ethik aufweist, die an solche undarstellbaren Momente anschließt. Zur Verdeutlichung der Blickverschiebung soll zunächst bei eingespielten Denkgewohnheiten angesetzt werden. Einer politischen Ethik geht es nach gängiger Vorstellung vor allem um die diskursive Überprüfung moralischer Systeme. Aus diesem Zugriff ergibt sich eine Grundvermessung für die politische Didaktik, nach der das Denk- und Handlungsfeld der politischen Ethik bislang eingerichtet wurde. Dieses Feld werde ich in einem *ersten Schritt* skizzieren. Spätestens seit den 1980er Jahren werden die Voraussetzungen jener Vermessung radikaler als bisher in Frage gestellt. Insbesondere die Annahme eines unabhängig seienden Subjekts könne nicht mehr umstandslos beibehalten werden. Herausgearbeitet wurde in einer umfassenden theoretischen Bewegung, dass viele der bislang als selbstverständlich geltenden Grundannahmen mindestens mit einem skeptischen Vorbehalt versehen werden müssen – in einer Geste, die mit

---

2   Das ist auch die Grundidee einer Unterscheidung zwischen *différence* und *différance*, die durch Derrida (1988) populär geworden ist. Inzwischen kann man eine ganze Reihe vergleichbarer Ansätze unter dem Begriff der „Philosophien der Differenz" (Kimmerle 2000) zusammenfassen. Die innerhalb dieser Ansätze aufgestellte Konstellation zwischen einer „unsichtbaren" kontingenten Differenz und einer konkreten Differenz lässt sich hinsichtlich der ethischen Konsequenzen (vgl. z. B. Critchley 1992, 1999) bzw. der daraus folgenden „Undarstellbarkeit der Politik" (Butler et al. 1998) auslesen.

unterschiedlicher Betonung als nachmetaphysisch, postmodern oder postfundamental bezeichnet worden ist. Die Radikalisierung der Reichweite der Infragestellung bislang geltender Grundüberzeugungen, insbesondere auch solcher, die einer politischen Ethik bislang einen Rahmen oder Orientierungspunkte bieten konnten, werde ich am „Fall des Subjekts" in einem *zweiten Schritt* nachzeichnen. Abschließend soll ein Ausblick darauf gegeben werden, dass es in der Didaktik der politischen Bildung nicht darum gehen muss, *gegen* diese Infragestellungen bestimmte problematisch gewordene Grundlagen des Einsatzes sowie die Maßverhältnisse einer politischen Ethik zu retten, um einen normativen Einsatz zu schützen, sondern dass gerade *mit* jenen theoretischen Entwicklungen eine politische Ethik des Undarstellbaren entwickelt werden kann.

2 Politische Ethik in ihrem verbreiteten Aufriss – die diskursethische Matrix

Politische Ethik – folgt man etwa einer Kurzcharakterisierung Sutors – lässt sich als „das Nachdenken über Prinzipien und Normen politischer Ordnungen und Handlungen" begreifen (Sutor 1991, S. 11). Eine solche Erörterung wird notwendig, wenn die Geltung politischer Prinzipien und Normen *fraglich* wird. Das heißt, man muss sich in einem Diskurs hinsichtlich des Verständnisses und der Geltung gegebener Ordnungen und der darin enthaltenen Rationalitätsansprüche gemeinsam versichern. Die Zielperspektive eines solchen rationalen Prozesses der diskursiven Aushandlung spezifischer Geltungsansprüche besteht in der Prüfung ihrer Ansprüche im Spiegel ihrer faktischen Umsetzung (vgl. dazu vor allem Habermas 1992). Die Idealtypik für einen solchen Verständigungsprozess hat Habermas formuliert (vgl. zum Folgenden auch Habermas 1983, 1991). Die Sprecher und Teilnehmer an einem Verständigungsprozess müssen sich demnach hinsichtlich dreier fundamentaler Weltbezüge einigen: der objektiven, subjektiven und sozialen Welt. Dahinter steht die Annahme, dass mit jeder Äußerung drei fundamentale und „gleichursprüngliche" Geltungsansprüche erhoben werden. Sie betreffen den Wahrheitsgehalt der Äußerungen (objektive Welt), die Wahrhaftigkeit im Sinne des je subjektiv evidenten Weltzugangs (subjektive Welt) und die Geltung hinsichtlich der normativen Richtigkeit (soziale Dimension). Gelinge die Freilegung einer entsprechenden gemeinsamen Grundlage, ermögliche dies einen Prozess rationaler Aushandlung, an dessen Ende eine potentiell vernünftige Lösung stünde.

Bei diesem Prozess geht es aber nicht unbedingt darum, vollkommene Übereinstimmung hinsichtlich der problematisch gewordenen Normen zu erzielen, vielmehr geht es um eine „Kultivierung des Streits" (Detjen 2012). Eine solche

Kultivierung des Streits gelingt genau dann, wenn man sich durch eine argumentative Prüfung der geteilten Grundlagen, d. h. der Weltbezüge versichern kann, die dann die Basis für legitime Anerkennungsverhältnisse (auch unterschiedlicher Positionen) sind, auf deren Basis dann mindestens ein definierter und gemeinsam anerkannter Dissens entwickeln werden kann. Nach der Diskursethik ist die diskursive Freilegung der geteilten Grundlagen nicht als glücklicher (zufälliger) Fund aufzufassen. Mit anderen Worten: Jedem Diskurs eignen *notwendig* bestimmte transzendentaltheoretische Voraussetzungen (Wahrhaftigkeit/Objektivierung/Geltung/Verständlichkeit), die sich durch definierte Heuristiken freilegen lassen. Hieraus wird die Allgemeingültigkeit der diskursethischen Verfahren abgeleitet: Unter den richtigen Bedingungen sei es *immer* möglich, im Rahmen eines Klärungsprozesses eine gemeinsame Weltdeutung, ein gemeinsames Sinnentnehmen freizulegen, das dann seinerseits die Grundlage für die Entscheidung über moralische Standards darstellen kann; auch in radikal pluralisierten Lebenswelten. Auf diese Weise erhielte man mindestens jenen *rationalen Dissens* (Miller 2006), der im Wesentlichen in einer gemeinsam entwickelten Problemsicht und einer Verständigung über die Grundlagen der Auseinandersetzung bestehe und damit einen vernünftigen Rahmen für legitime Anerkennungsverhältnisse schaffe. Auf dieser Grundlage kann didaktisch der Konflikt zum Zentrum der Entfaltung einer politischen Ethik erklärt werden:

> „Die Demokratie anerkennt Konflikte und lebt vom politischen Streit. Der Sinn ihrer Institutionen besteht geradezu darin, die politische Auseinandersetzung *rational zu kanalisieren* [Herv., W. F.]. […] Der Streitaustrag findet nämlich statt auf der Basis eines von allen akzeptierten Konsens für die Grundwerte des Zusammenlebens." (Detjen 2012, S. 120)

Genau in dieser „Kanalisierung" wurde in der jüngeren Diskussion eine Verdunklungsgefahr markiert: dass nämlich unklar ist, welche Grundwerte und Grundannahmen unter die Notwendigkeit einer Anerkennung fallen und welche nicht. Mit anderen Worten: Werden neben den als anerkennensnotwendig erklärten (und damit zu prüfenden) und ausgewiesenen Grundwerten noch weitere Grundannahmen mitgeführt, die dem Grunde nach zwar auch kontingent sind – aber als solche in ihrer Anerkennensbedürftigkeit nicht in den Blick geraten, weil ihre Geltung im Sinne einer Evidenz faktisch vorausgesetzt wird? Unterliegen der Diskursethik Annahmen, die aus der Sicht ihrer Verfechter als unhinterfragbar gültig gesetzt werden, obwohl sie prinzipiell auch fraglich sein könnten?[3]

---

3   Dem Grunde nach trägt das Vorgehen in der Perspektive des Skeptikers Züge einer pragmatischen Strategie. So gebe man – so Habermas über Adornos radikalen Zweifel – mit dem

Einen besonderen Standort unter diesen sozialen Evidenzen, die Marchart „Sozialontologien" (Marchart 2010) genannt hat, hat die Annahme des Vorhandenseins unabhängiger freier Subjekte. Man erreicht eine für die Diskursethik besonders empfindliche Stelle: Es lässt sich ein Streit nämlich nur dann kultivieren, wenn davon ausgegangen werden kann, dass die daran beteiligten Subjekte unabhängig und frei agieren. Das heißt, die Annahme freier Subjekte ist die Bedingung der Möglichkeit der Installation und Fortsetzung eines tragfähigen rationalen Diskurses bzw. des daraus entstehenden rationalen Dissens: Nur wenn sich *freie* Subjekte auf eine gemeinsame wahrheitsgemäße Sinnerschließung einigen, kann von einem ethisch gehaltvollen Prozess gesprochen werden.

3 Subjektivität als problematische Voraussetzung der Diskursethik

Diese Voraussetzung wurde in der poststrukturalistischen Debatte durch die Hypothese von der Dezentrierung des Subjekts angezweifelt (vgl. statt vieler Reckwitz 2008). Schon innerhalb der Sozialphilosophie wurde im Laufe ihrer historischen Entfaltung zunehmend deutlich, dass die Letztbestimmung eines substantiellen Subjekts dem Grunde nach nicht gelingen konnte, bzw. nur unter Zuhilfenahme spezifischer Ontologien, respektive theologischer oder metaphysischer Zusatzannahmen möglich war. Deshalb erlangte die Annahme eines transzendentalen Subjektes eine gewisse Prominenz: In dieser Figur konnte, trotz der schlussendlichen Unmöglichkeit, Subjektivität zweifelsfrei zu begründen, reflektiert werden, dass Subjektivität mindestens eine Denknotwendigkeit darstellt, um insbesondere Prozesse des Sinnverstehens rekonstruieren zu können. Genauer: Sinnverstehensprozesse lassen sich nicht anders denn mit Bezug auf ein Subjekt schlüssig modellieren. Damit wird auch klar: das Subjekt als transzendentale Subjektivität ist dem Grunde nach eine logische – eine epistemologische Matrix.

Die Rede vom „Ende des Menschen" reflektiert genau diese Entwicklung: es geht nicht um die Vertreibung des Menschseins aus den Sozialwissenschaften, sondern um die *Umschrift der epistemologischen Matrix, innerhalb derer Subjektivität* gedacht werden kann. Eine solche Umschrift schließt letztlich zu einem für die Pädagogik und die Didaktik der politischen Bildung zentralen und konsensfähigen Denkmuster auf, nach der Subjekte immer auch als Produkte der Gesellschaft angesehen werden müssen. Folgerichtig geriet zunehmend auch die „nachmetaphysische" epistemologische Matrix eines transzendentalen Subjekts in den

---

Rückzug „hinter die Linien des diskursiven Denkens" (Habermas 1981, S. 516) den Möglichkeitsraum formulierbarer Theorien auf.

Blick einer sozialphilosophischen Kritik, die anmerkte, dass eine allein nach dem Muster idealistischer Innenschau geformte Logik eines transzendentalen Subjekts die Spiegelungsverhältnisse gesellschaftlicher Strukturen ausblende (z. B. Adorno 1966). Dagegen ist Subjektivität zwingend auch als Produkt gesellschaftlicher Verhältnisse aufzufassen, wobei die Auswirkungen der Sozialisation tief in das Subjekt hineinreichten – die Denkfigur eines „reinen" Subjekts vor allen gesellschaftlichen Verhältnissen wird zur Chimäre.

Damit wird den für den rationalen Streit konstitutiven Weltbezügen zur objektiven, subjektiven und sozialen Welt die Funktionalität geraubt, weil sie nichts weiter als ein gesellschaftlicher Abdruck normativer Verhältnisse sein könnten. Sinnverstehensprozesse ließen sich nicht allein als subjektiver Eigenwert ausweisen, sondern das Sinnverstehen und die gesellschaftliche Produktion des sinnverstehenden Subjekts fielen in eins. Das Subjekt wäre demnach eingeflochten in eine Ordnung des Sinnlichen und wird von ihr zuallererst hervorgebracht. Eine entsprechende Produktionsanordnung findet sich in den Konzepten des *Habitus* (vgl. Bourdieu 1987) oder des *Dispositivs* (vgl. z. B. Agamben 2008) zum Ausdruck gebracht. In einer solchen Situation stößt das Konzept einer Streitkultur als Kernmechanik politischer Ethik an Grenzen. Demnach könnte übersehen werden, dass die notwendige „Kanalisierung des Streits" (Detjen 2012), letztlich etwa in der Gegenüberstellung spezifischer Alternativen und Entscheidungsmöglichkeiten, Ausdruck eines Regierungshandelns, einer spezifischen Gouvernementalität ist. Im Modus einer „Politik der Wahrheit" (Badiou et al. 2009) werden Entscheidungsfragen figuriert, auf spezifische Formate gebracht und zur Ratifikation angeboten (vgl. Lemke 1997, S. 327 ff.). Eine Streitkultur droht naiv zu geraten. Denn im Angebot spezifischer Vermessungen des rationalen Dissenses (mitsamt seiner Entscheidungshorizonte) könnten sich lediglich bereitgestellte Elemente vorfinden, die in diesem Sinne als Verlängerung gesellschaftlicher Steuerungsansprüche und nicht deren Reflektion zu lesen wären.[4] Das heißt, dass die gesellschaftliche Produktion des Sinnverstehens in den Blick genommen werden muss, um den für eine politische Ethik entscheidenden Abstand zu den Deutungsangeboten herzustellen.

---

4   Eine solche Perspektive hat durchaus weitgehende Konsequenzen. So wäre etwa zu fragen, in welcher Form das Kontroversitätsgebot noch als Grundlage für eine politische Ethik in der Didaktik tauglich ist (vgl. in dieser Richtung etwa Arenhövel 2009). Ebenso wäre unklar, ob die Didaktisierung und Urteilsbildung in ihrer Vermessung nicht deutlich kontingenter angelegt werden müsste (vgl. dazu etwa Friedrichs 2012).

4 Die Ordnung des Sinnlichen als Horizont einer politischen Ethik des Undarstellbaren

Eine solche Perspektivverschiebung korreliert mit Bemühungen in der Politikwissenschaft, sich dem politischen Feld hinsichtlich seiner sinnproduktiven Dimension zu nähern. Entwickelt hat sich dieser Zugriff u. a. aus dem offensichtlichen Ungenügen eines auf die Institutionentheorie und deren vernünftigen Grundlagen abstellenden Zuschnitt, Phänomene gegenwärtiger Politik angemessen zu erfassen (vgl. statt vieler für einen Überblick Michelsen/Walter 2013). Letzte unhinterfragte Geltungsgründe und Rechtsnormen scheinen immer schwerer auffindbar und überdies keine normative Absicherung mehr gewähren zu können.

„Vieles spricht dafür, dass sich innerhalb der politischen Theorie der Gegenwart eine Wende abzeichnet. Während der Schwerpunkt politischer Theoriebildung lange auf dem Versuch einer Begründung demokratischer Verfahren in universalen Vernunft- und Rechtsprinzipien und deren normativen Aspekten lag, richtet sich der Fokus heute verstärkt auf die Selbstinstituierung einer Gesellschaft, die auf keine externen Gründe zurückgeführt werden kann." (Heil et al 2011, S. 7)

Klar ist, dass die diskursethische Vermessungsgrundlage der normativen Ausrichtung einer Gesellschaft, die vor allem auf den Abstand zwischen der Faktizität gesellschaftlicher Institutionen und der Geltung universeller Prinzipien abhebt, nicht mehr hinreichend die umfassenden Normierungsprozesse in einer Wissens- und Mediengesellschaft erfasst (vgl. dazu einschlägig Junge 2008). Es ist damit das gängige Format einer politischen Ethik zu überdenken, das sich letztlich an der Angemessenheit von Institutionalisierungen ausrichtet.[5]

Eine politische Ethik, die die gegenwärtige Transformation der Demokratietheorie mitreflektiert, wäre demgegenüber stärker im Anschluss an die Verlagerung des Blicks auf die paradoxe, aporetische und umfassende Selbstinstituierung der Politik zu entwickeln. Das heißt, die umfassende Selbsteinrichtung der Gesellschaft wird weniger mit Blick auf konkrete Institutionen und ihrem Verhältnis zu inkludierten Individuen betrachtet, sondern mit Blick auf die ihr einbeschriebene epistemologische Matrix, aus der heraus politische Subjekte einschließlich ihrer Stellung in der Gesellschaft produziert werden. Politik erscheint in erkenntnis-

---

5 Sutor skizziert den bisherigen Fokus bündig: „Institutionenethik steht […] im Zentrum politischer Ethik. Die Ziele der Handelnden sind in einer freien, pluralistischen Gesellschaft den Individuen und Gruppen als Interessenten freigegeben. […] Eben deshalb ist der Kern politischer Ethik die Frage nach der ‚guten Ordnung', nach den angemessenen Institutionen" (Sutor 1997, S. 30).

politischen, subjektivierungspolitischen und wissenspolitischen Dimensionen, die eine umfassende hegemoniale Ordnung begründen und einrichten. Politik entfaltet sich im Modus eines *Immanentismus,* innerhalb dessen für die gesellschaftliche Ordnung relevante konkrete Differenzen in einer hegemonialen Ordnung ausgerichtet werden (vgl. statt vieler Laclau und Mouffe 1991, Wullweber 2012). Jener Immanentismus zeichnet sich dadurch aus, dass Macht omnipräsent und dezentral im System verteilt ist, die Organisation der politischen Ordnung nur noch von ihrer radikalen Nichtung unterscheidbar ist, ebenso wie die gezähmte Demokratie ihrer radikalen Inschrift gegenübersteht (vgl. Rancière 2011).[6] Im bisherigen „klassischen Format" politischer Ethik lieferten lebensweltliche Erfahrungsbestände und Vernunftannahmen die normative Kraft, die als Richtscheit und Korrektiv die ethische Reflektion anleiten konnten. Der Lebenswelt war eine wesentliche Dimension des „Guten" einbeschrieben, die es gegen die verzerrenden Kolonialisierungsversuche zu schützen galt. Dabei stand die Lebenswelt dem politischen System gegenüber, war ihr äußerlich. Die Annahme einer solchen dem Grunde nach existenziellen und externen Dimension erweist sich aber im Spiegel eines Zeitalters der Simulation (vgl. Baudrillard 1978), in der die Demokratie zunehmend als „simulative Demokratie" (Blühdorn 2012) in den Blick gerät, als immer weniger haltbar. Klare Zuordnungsverhältnisse von Original und Abbildung werden sukzessive aufgelöst, sodass eine Unterscheidung zwischen einer „authentischen" normativ gesättigten gemeinschaftlichen Politik und ihrem ideologischen Zerrbild ihre heuristische Kraft verliert. Anstelle dessen kann man zwischen einer organisierten Vielfalt, einer bestimmten Differenz und einem unbestimmten Rauschen zwischen *der Politik* und *dem Politischen* unterscheiden (vgl. dazu Bedorf und Röttgers 2010). Die Politik besteht in dieser Denkfigur aus einem System konkreter Differenzen, während das Politische als das unterliegende Feld kontingenter Differenz gedacht werden kann. Das System der konkreten Differenzen schließt zu einer „Aufteilung des Sinnlichen" (Rancière 2008a, S. 25) zusammen. In der Aufteilung des Sinnlichen wird Politik als eine Ordnung der Sinnangebote installiert, die Unterscheidungen zwischen Rede- und Anteilsrechten und insbesondere deren Wahrnehmbarkeit „vor" der diskursiven Verständigung über die Verteilung festlegt. Das heißt, die Frage der Teilhabe wird nicht am Verhandlungstisch entschieden, sondern in der Einrichtung (der epistemologischen Matrix) des Verhandlungstisches selbst. Dabei werden Formulierungsmöglichkeiten formatiert und vor allem mögliche Positionen eingerichtet.

---

6   Gründungen werden ausschließlich immanent vorgenommen, d. h. Politik ist auch sich selbst die „einzige Quelle von Normierungen" (Greven 1992, S. 195).

"Die Aufteilung des Sinnlichen ist also ein System oder ‚Regime' von Normen oder Gewohnheiten, die implizit die Wahrnehmung der gemeinschaftlichen Welt bestimmen, wobei Wahrnehmung hier für eine Topologie steht, die in Abhängigkeit von den Plätzen, die die Individuen in Raum und Zeit einnehmen, ihnen bestimmte soziale Funktionen, Tätigkeitsformen und Weisen zu sprechen zuordnet. Die politische Sichtbarkeit und Unsichtbarkeit, das Gehört-Werden und Nicht-Gehört-Werden des Einzelnen verweist auf dessen Grad an politischer Teilhabe: die Aufteilung des Sinnlichen legt fest, welche Orte innerhalb der Gesellschaft eine Teilhabe am Gemeinsamen ermöglichen, das heißt, welche Subjekte an politischen Entscheidungen, Verhandlungen und Diskussionen teilhaben können und welche anteilslos sind." (Muhle 2008, S. 10)

Die politische Ethik als Teil einer Kontroverse in eingerichteten Räumen droht zum Räsonnement zu werden, wenn sie diese Voraussetzungen der Debatte nicht in den Blick nimmt. Demnach liegt die Einsatzstelle einer politischen Ethik für die Didaktik der politischen Bildung zuvorderst darin, das Politische wieder als ein Moment ethischer Reflektion fruchtbar zu machen und damit – in einer paradox anmutenden Figur – Alternativen zu gegebenen Ordnungen *in ihrer Undarstellbarkeit sichtbar* zu machen. Das heißt, eine Ethik der politischen Bildung muss die Regimes der Sichtbarkeiten, die Topologie der Blicke, Wahrnehmungen und Selbstverständlichkeiten zu kennzeichnen versuchen. Politische Ethik wird nicht mehr allein als spezifische Reflektion normativer Einrichtungen innerhalb eines gegebenen Deutungsrahmens gedacht, sondern muss ebenso die Einrichtung von Positionen und Deutungsrahmen mitreflektieren. Dies kann auf der Folie der Unterscheidung zwischen Politik und Politischem zwischen konkreten und kontingenten Differenzen abgetragen werden.

Rancière spricht an dieser Stelle von *Unterbrechungen, Subjektivierungen, Artikulationen* und *Demonstrationen* (2008b). Das heißt, bestehende kognitive Regime sollen einerseits in ihrer scheinbaren Evidenz infrage gestellt werden, indem sie bewusst unterbrochen werden, und andererseits sollen in diesen Regimen Subjektivierungs- und Artikulationsprozesse sowie Demonstrationen gegen spezifische Dispositive, epistemologische Formatierungen und Ordnungen probiert werden. Ein Problem eines solchen Ansatzes besteht darin, dass Praxen, die diesen Anforderungen folgen, zu Radikalisierungen neigen, die fraglich werden lassen, inwieweit hier sinnvoll und zielführend angeleitet reflektiert wird (vgl. z. B. Kastner et al. 2012, Esch-van Kann 2013). Dem Didaktiker kommen Zweifel.

Eine strukturiert zu entwickelnde politische Ethik im Rahmen der Didaktik der politischen Bildung könnte sich pragmatischer an einer normativ gehaltvollen „Logik einer radikalen Gleichheit" (Rancière 2007) orientieren. Eine radikale Gleichheit stellt eingerichtete Gleichheiten in Frage, sie macht entgrenzte Gleichheit gegen begrenzte Gleichheit geltend, radikale Demokratie gegen gezähmte

Demokratie. Eine politische Ethik fragt vor diesem Hintergrund nicht mehr nach spezifischen Begründungen einer je gegebenen Einrichtung, sondern nach Alternativen vor dem Hintergrund einer radikalen Gleichheit, die sich aber selbst nicht in Form etwa einer spezifischen Annahme darstellen lassen (vgl. dazu auch Friedrichs 2013b). Um die Fluchtlinie eines impliziten Anarchismus nicht wirkmächtig werden zu lassen, andererseits aber nicht in einen „Hass der Demokratie" (Rancière 2011) zurückzufallen, der vor allem Steuerungsinteressen gegen entfesselte Gleichheitsforderungen geltend macht, erscheint eine methodische Anleitung notwendig. In Letzterer muss systematisch die Frage gestellt werden, *wie* bestimmte Zusammenhänge sinnhaft formatiert werden; gesellschaftliche Bedeutungsstrukturen sind ihrem „rhizomatischen Überschuss" (Forneck 2006, S. 81 ff.) gegenüberzustellen. In einer solchen – der Diskursanalyse sehr ähnlichen – Vorgehensweise wird den Lernenden die grundsätzliche Kontingenz politischen Wissens verdeutlicht. Nicht um einer Beliebigkeit das Wort reden zu wollen oder Grundüberzeugungen gänzlich abschaffen zu wollen, wohl aber um zu verdeutlichen, wie Wissensgefüge entstehen und Wirklichkeitsansprüche aus sich heraus setzten, ohne dass die organisierenden Differenzen je in den Blick geraten – auch weil sie selbst undarstellbar bleiben. Es geht damit nicht um einen Wiederaufguss einer spezifischen Ideologiekritik, sondern um die Entfaltung einer diskurstheoretischen politischen Ethik, deren unhintergehbares Moment die Undarstellbarkeit des Politischen ist.

Literatur

Adorno, Theodor. 1966. *Negative Dialektik*. Frankfurt/M: Suhrkamp.
Agamben, Giorgio. 2008. *Was ist ein Dispositiv?* Berlin: Diaphanes.
Arenhövel, Mark. 2009. Streitkultur in der Demokratie. *kursiv* (3): 20–25.
Badiou Alain, Jacques Rancière, und Rado Riha. 2009. *Politik der Wahrheit*. Wien: Turia + Kant.
Baecker, Dirk. 1996. Was leistet die Negation? In *Gilles Deleuze – Fluchtlinien der Philosophie*, hrsg. Friedrich Balke und Josef Vogl, 93–102. München: Wilhelm Fink Verlag.
Baudrillard, Jean. 1978. *Agonie des Realen*. Berlin: Merve Verlag.
Bedorf, Thomas und Kurt Röttgers. 2010. *Das Politische und die Politik*. Frankfurt/M: Suhrkamp.
Blühdorn, Ingolfur. 2012. *Simulative Demokratie. Neue Politik nach der postdemokratischen Wende*. Berlin: Suhrkamp
Bourdieu. Pierre. 1987. *Die feinen Unterschiede. Kritik der gesellschaftlichen Urteilskraft*. Frankfurt/M: Suhrkamp.
Butler, Judith, Simon Critchley, Ernesto Laclau, und Slavoj Žižek. 1998. *Die Undarstellbarkeit der Politik. Zur Hegemonietheorie Ernesto Laclaus*. Wien: Turia + Kant.

Critchley, Simon. 1992. *The Ethics of Deconstruction. Derrida and Levinas*. Edinburgh: Edinburgh University Press.
Critchley, Simon. 1999. *Ethics, Politics, Subjektivity*. London/New York: Verso.
Derrida, Jacques. 1988. Die Différance. In *Randgänge der Philosophie*, hrsg. Jacques Derrida, 29–52. Wien: Passagen.
Detjen, Joachim. 2012. *Streitkultur: Konfliktursachen, Konfliktarten und Konfliktbewältigung in der Demokratie*. Schwalbach: Wochenschau-Verlag.
Esch-van Kan, Anneka, Stephan Packard und Phillip Schulte. 2013. *Thinking, Resisting, Reading the Political*. Berlin: Diaphanes.
Forneck, Hermann. 2006. *Selbstlernarchitekturen. Lernen und Selbstsorge I*. Hohengehren: Schneider Verlag.
Friedrichs, Werner. 2008. *Passagen der Pädagogik. Zur Fassung des pädagogischen Moments im Anschluss an Niklas Luhmann und Gilles Deleuze*. Bielefeld: Transcript.
Friedrichs, Werner. 2012. Zur Konstruktion von Urteilen: Politische Urteilsbildung jenseits sozialer Rahmenvernunft. *Zeitschrift für Didaktik der Gesellschaftswissenschaften* 3 (2): 5–71.
Friedrichs, Werner. 2013a. Vom SchülerSein und zum SchülerWerden: Überlegungen zu einer „operativen" Fassung des Schülerbegriffes am Beispiel der Wirksamkeit politischer Bildung. In *Schülerforschung – Lehrerforschung. Theorie – Empirie*, hrsg. Anja Besand, 109–117. Schwalbach/Ts: Wochenschau-Verlag.
Friedrichs, Werner. 2013b. Das Versprechen der Politischen Bildung: die Entfaltung von Beteiligungsmöglichkeiten in der herausgeforderten Demokratie. In *Das Versprechen der Demokratie*, hrsg. Hubertus Buchstein, 293–312. Baden-Baden: Nomos.
Fuchs, Peter. 1997. Adressabilität als Grundbegriff der soziologischen Systemtheorie. *Soziale Systeme* 3 (1): 56–79.
Fuchs, Peter, und Andreas Göbel. 1994. *Der Mensch – das Medium der Gesellschaft?* Frankfurt/M: Suhrkamp.
Greven, Michael. 1992. Über demokratischen Dezisionismus. In *Sprache und politische Kultur*, hrsg. Dieter Emig, Christoph Huttig, und Raphael Lutz, 193–206. Frankfurt/M: Peter Lang.
Habermas, Jürgen. 1981. *Theorie des kommunikativen Handels*. Frankfurt/M: Suhrkamp.
Habermas, Jürgen. 1983. *Moralbewußtsein und kommunikatives Handeln*. Frankfurt/M: Suhrkamp.
Habermas, Jürgen. 1991. *Erläuterungen zur Diskursethik*. Frankfurt/M: Suhrkamp.
Habermas, Jürgen. 1992. *Faktizität und Geltung – Beiträge zur Diskurstheorie des Rechts und des demokratischen Rechtsstaats*. Frankfurt/M: Suhrkamp.
Hall, Stuart. 1997. *Representation. Cultural Representations and Signifying Practices*. London: Sage,
Heil, Reinhard, Andreas Hetzel, und Dirk Hommrich. 2011. *Unbedingte Demokratie. Fragen an die Klassiker politischen Denkens*. Baden-Baden: Nomos.
Junge, Torsten. 2008. *Gouvernementalität der Wissensgesellschaft. Politik und Subjektivität unter dem Regime des Wissens*. Bielefeld: Transcript.
Kastner, Jens, Isabell Lorey, Gerald Raunig, und Hito Steyer. 2012. *Die aktuellen Kämpfe um die Besetzung des Politischen*. Wien: Turia + Kant.

Kimmerle, Heinz. 2000. *Philosophie der Differenz. Eine Einführung.* Würzburg: Königshausen + Neumann.
Lemke, Thomas. 1997. *Eine Kritik der politischen Vernunft. Foucaults Analyse der modernen Gouvernementalität.* Hamburg: Argument-Verlag.
Luhmann, Niklas. 1989. Ethik als Reflexionstheorie der Moral. In *Gesellschaftsstruktur und Semantik. Studien zur Wissenssoziologie der modernen Gesellschaft,* Bd. 3, hrsg. Niklas Luhmann, 358–448. Frankfurt/M: Suhrkamp.
Laclau, Ernesto, und Chantal Mouffe. 1991. *Hegemonie und radikale Demokratie. Zur Dekonstruktion des Marxismus.* Wien: Passagen.
Marchart, Oliver. 2010. *Die politische Differenz: Zum Denken des Politischen bei Nancy, Lefort, Badiou, Laclau und Agamben.* Frankfurt/M: Suhrkamp.
Meyer-Drawe, Käte. 1990. *Illusionen von Autonomie. Diesseits von Ohnmacht und Allmacht des Ich.* München: Kirchheim Peter.
Michalsen, Danny, und Franz Walter. 2013. *Unpolitische Demokratie. Zur Krise der Repräsentation.* Berlin: Suhrkamp.
Miller, Max. 2006. Dissens. *Zur Theorie diskursiven und systemischen Lernens.* Bielefeld: Transcript.
Muhle, Maria. 2008. Einleitung. In *Die Aufteilung des Sinnlichen. Die Politik der Kunst und ihre Paradoxien,* hrsg. Jacuqes Rancière, 21–34. Berlin: Bbooks Verlag.
Rancière, Jacques. 2007. *Der unwissende Lehrmeister. Fünf Lektionen über die intellektuelle Emanzipation.* Wien: Passagen Verlag.
Rancière, Jacques. 2008a. *Die Aufteilung des Sinnlichen. Die Politik der Kunst und ihre Paradoxien.* Berlin: Bbooks Verlag.
Rancière, Jacques. 2008b. *Zehn Thesen zur Politik.* Berlin: Diaphanes.
Rancière, Jacques. 2011. *Der Hass der Demokratie.* Berlin: August Verlag.
Rancière, Jacques. 2012. *La méthode de l'égalité. Entretien avec Laurent Jeanpierre et Dork Zabunyan.* Montrouge: Bayard.
Reckwitz, Andreas. 2008. *Subjekt.* Bielefeld: Transcript.
Rölli, Marc. 2003. *Gilles Deleuze. Philosophie des transzendentalen Empirismus.* Wien: Turia + Kant.
Sutor, Bernhard. 1991. *Politische Ethik. Gesamtdarstellung auf der Basis der Christlichen Gesellschaftslehre.* Paderborn/München/Wien/Zürich: Schöningh.
Sutor, Berhard. 1997. *Kleine politische Ethik.* Bonn: Bundeszentrale für politische Bildung.
Woodward, Kath. 1999. *Identity and Difference.* London: Sage.
Wullweber, Joschka. 2012. Konturen eines politischen Analyserahmens – Hegemonie, Diskurs und Antagonismus. In *Diskurs und Hegemonie. Gesellschaftskritische Perspektiven,* hrsg. Iris Dzudzek, Caren Kunze, und Joschka Wullweber, 29–58. Bielefeld: Transcript.

Narrationen in der politischen Bildung[1]

Ingo Juchler

1 Einführung

Das Erzählen und damit Narrationen gibt es von alters her. Sie machen ein Spezifikum des Menschseins aus. Ausgehend von der Literaturtheorie geriet das Narrative zu Beginn der 1970er Jahre im Kontext der „narrativen Wende" in das Blickfeld der Sozialwissenschaften. Narrativität wird in der Geschichtsdidaktik bereits seit geraumer Zeit thematisiert und stellt dort ein weithin anerkanntes fachdidaktisches Prinzip dar. In der Politikdidaktik sind erste Ansätze zur Auseinandersetzung mit Narrationen vorhanden (vgl. Juchler 2012). Vor diesem Hintergrund werden im Folgenden zunächst didaktische Dimensionen für den Einsatz von Narrationen in der politischen Bildung entwickelt. Christoph Heins Roman *In seiner frühen Kindheit ein Garten* dient sodann der beispielhaften Vorstellung des Einsatzes einer Narration im Politikunterricht.

2 Didaktische Dimensionen zum Einsatz von Narrationen in der politischen Bildung

2.1 Kompetenzorientierte politische Bildung und vernetztes Wissen

In der Folge der Präsentation von Ergebnissen internationaler Vergleichsstudien wie TIMSS, PISA und IGLU setzte in der Bundesrepublik die Entwicklung von kompetenzbestimmten Bildungsstandards ein, welche sich an der angelsächsi-

---

[1] Eine ausführliche Version dieses Aufsatzes erschien in der Zeitschrift für Didaktik der Gesellschaftswissenschaften, Jg. 4/2013, Heft 2, S. 36–54.

schen *Literacy*-Konzeption orientiert. Die GPJE formulierte in diesem Kontext nationale Bildungsstandards für die politische Bildung (vgl. GPJE 2004). Im Zuge der weiteren politikdidaktischen Debatte kam es zu einer Kontroverse um die „Stellung des Wissens in einer kompetenzorientierten politischen Bildung" (Henkenborg 2011, S. 111). Die Klärung der didaktischen Frage, *was* Schülerinnen und Schüler in der politischen Bildung *warum* und *wozu* lernen sollen, ist allerdings althergebracht und stellt sich je nach den politischen Gegebenheiten immer wieder neu (vgl. Wilhelm 1957, S. 37; Hilligen 1985, S. 22). Als Ziel der politischen Bildungsbemühungen gilt unstrittig die politische Urteilsfähigkeit der Lernenden, welche sie dazu befähigt, als (spätere) Bürgerinnen und Bürger an der heutigen politischen Lebenswirklichkeit, an den Diskussionen der politischen Öffentlichkeit, partizipieren zu können. Von diesem übergreifenden Ziel her gedacht muss sich das *Was* der politischen Bildung, also deren inhaltliche Komponenten, ausweisen. In der kompetenzorientierten politischen Bildung wird diese materiale Komponente der im Lehr-Lern-Prozess zu vermittelnden Gegenstände als „konzeptionelles Deutungswissen" bezeichnet: „Es handelt sich um Wissen, das sich auf grundlegende Konzepte für das Verstehen von Politik, Wirtschaft, Gesellschaft und Recht bezieht" (GPJE 2004, S. 14).

Der Entwicklungspsychologie zufolge geschieht der Wissensaufbau vermittels Begriffsbildungen. Begriffe (englisch *concepts*) werden als kognitive Wissenseinheiten, als Vorstellungskomplexe und Wertungen über zentrale Merkmale von Dingen oder Phänomenen definiert. In der kompetenzorientierten Bildung wird Konzepten (auch als Basis- und Fachkonzepte bezeichnet) die Funktion zugeschrieben, die jeweiligen Fachinhalte der Domänen unterschiedlicher Fachdisziplinen auszuweisen. Für die politische Bildung sind weithin anerkannte Konzepte etwa Macht, Recht, Interesse, Staat, Legitimation, Freiheit, Gleichheit und Gerechtigkeit (vgl. Weißeno et al. 2010, S. 12; Autorengruppe Fachdidaktik 2011, S. 170). Die Konzepte sind hierbei als strukturierte Vernetzung aufeinander bezogener Begriffe zu verstehen. Vor diesem Hintergrund ist für die Bestimmung von politischen Konzepten festzuhalten, dass diese die inhaltliche Dimension des Politischen abbilden sollen. Mit Hilfe von Konzepten können Schülerinnen und Schüler politische Kontexte analysieren, politische Inhalte strukturieren und systematisieren. Sie vermögen auf diese Weise grundlegendes, vernetztes politisches Wissen zu erwerben. Konzepte bilden mithin für die Lernenden die Grundlage eines systematischen Wissensaufbaus unter fachlicher und zugleich lebensweltlicher Perspektive.

Nun finden in der politischen Bildung vornehmlich Sachtexte Verwendung, die in der Regel auf einen inhaltlichen Gegenstand fokussiert sind. Durch die unterrichtliche Auseinandersetzung mit mehreren Sachtexten kann – vorbehaltlich der Qualität der Texte – sicherlich die in Frage stehende Thematik erschlossen, analysiert und erörtert werden. Eine Verbindung von thematischen Schwerpunkten, die mehreren Konzepten inhaltlich zuzuordnen sind, oder gar ein fächerübergreifender Ausblick auf historische, geografische, rechtliche oder psychische Aspekte können hier gewöhnlich nicht vorgenommen werden. Die Befähigung der Schülerinnen und Schüler zum Aufbau von „politischen Wissensnetzen" (Sander 2011, S. 22) respektive eine „Vernetzung des Wissens im Unterricht" (Weißeno et al. 2010, S. 48) ist allein auf der Grundlage von Sachtexten nur schwerlich möglich.

Zur Vernetzung von Wissen mit Bezug auf unterschiedliche inhaltliche Facetten des Politischen und zur weiteren Verankerung dieses domänenspezifischen Wissens in lebensweltlichen Kenntnissen und Erfahrungen der Lernenden bietet sich der Einsatz von Narrationen im fächerübergreifenden politischen Unterricht an. Narrationen können in der politischen Bildung die Auseinandersetzung mit inhaltlich explizit politisch bestimmten Sachtexten nicht ersetzen. Sie verfügen jedoch bisweilen über politisch-inhaltliche Momente, die als implizite didaktische Anschlussstellen für die Beschäftigung mit dem Politischen dienen, und sie vermögen zur Entwicklung eines ganzheitlichen vernetzten Verständnisses politischer Sachverhalte beizutragen. Politische Sachtexte sind in der politischen Bildung die inhaltsbezogene Pflicht, Narrationen können die Horizont erweiternde und das Verständnis des Politischen vertiefende Kür sein.

2.2 Fächerübergreifende politische Bildung

Das Politische erscheint vielfach in Erzählungen implizit und ist mit anderen Momenten der menschlichen Existenz verwoben. Vor diesem Hintergrund eignet sich die Auseinandersetzung mit Narrationen in der politischen Bildung im fächerübergreifenden Unterricht. Der heute in der Schule vorhandene Fächerkanon ist historisch gewachsen und ermöglicht dieser Institution die Ordnung und Strukturierung von Kenntnissen und Erfahrungen in domänenspezifischen Wissensbereichen. Zugleich bedingt diese Einteilung aber auch eine arbiträre Trennung von lebensweltlichen Zusammenhängen, die im schulischen Kontext nur sehr selten, etwa bei fächerübergreifenden Projektarbeiten, wieder aufgehoben wird. Die Entwicklung einer pädagogisch wünschenswerten „ganzheitlichen Weltsicht" (Deichmann 2001, S. 8) durch die Schülerinnen und Schüler wird im ausdifferenzierten fachlichen Regelunterricht zumindest erschwert, wenn nicht gänzlich verhindert.

Im fächerübergreifenden Politikunterricht mit Narrationen können die fachspezifischen Kenntnisse in Verknüpfung mit Gegenständen anderer Domänen vermittelt werden. Diese Verflechtung von politischen, historischen, wirtschaftlichen, rechtlichen, religiösen und anderen Themen in Narrationen ermöglicht in der fächerübergreifenden politischen Bildung ein ganzheitliches Lernen und Verstehen des Politischen. Für die Schülerinnen und Schüler kann deshalb das Lesen von Literatur eine „Bereicherung der Komplexität der Erfahrungswelten" (Mieth 2007, S. 218) sein, die im Politikunterricht durch die Auseinandersetzung mit Narrationen unter der spezifischen Perspektive des Politischen initiiert und gefördert wird. Hierbei ist die von den Lernenden einzunehmende Erkenntnishaltung nicht – wie etwa bei der Rezeption von Sachtexten – allein auf politische Gegenstände gerichtet. Vielmehr können sie durch die Lektüre eines belletristischen Textes zunächst ganzheitlich eine ästhetische Erfahrungswelt respektive Weltwissen kennenlernen und, hiervon motiviert und angeregt, im Anschluss fachspezifische politische Aspekte analysieren und sich darüber austauschen.

2.3 Mehrdeutigkeit, Ambiguität und Kontingenzerfahrungen

Belletristischen Texten eignen vielfach Momente der Mehrdeutigkeit, Rätselhaftigkeit, Ambiguität und Kontingenz. Narrationen vermögen vermeintliche Gewissheiten zu erschüttern, liebgewonnene Klischees, Vorurteile und vertraute Wertvorstellungen anzuzweifeln sowie politische Überzeugungen in Frage zu stellen. Die fächerübergreifende Beschäftigung mit Narrationen in der politischen Bildung ermöglicht den Schülerinnen und Schülern die Erfahrung von lebensweltlicher Kontingenz und die Auseinandersetzung mit dieser im Kontext des Unterrichts. Auf diese Weise können sie die spezifischen Bedingungen derselben im Bereich des Politischen sowie deren Folgen für die Lebenswelt der Menschen besser einschätzen und verstehen lernen. Von den ästhetisch vermittelten Erfahrungen ausgehend können die Schülerinnen und Schüler mit Kontingenz im Bereich des Politischen konfrontiert werden (vgl. Toens und Willems 2012) und durch die unterrichtliche Auseinandersetzung damit zur „Kontingenzbewältigung" (Sander 2009, S. 245) gelangen. Durch literarisch vermittelte Kontingenzerfahrungen kann bei den Lernenden eine gerade für das Verständnis des Bereichs des Politischen erforderliche Bewusstheit, Bereitschaft und Offenheit für das Unerwartete, Mögliche und Unvorhersehbare geschaffen werden. Narrationen bieten einen lebensweltlichen und nachvollziehbaren Zugang zu diesen Erfahrungen.

In diesem Kontext können die Schülerinnen und Schüler in der politischen Bildung vermittels der fächerübergreifenden Auseinandersetzung mit belletristischen Texten schließlich gegen die vereinfachenden Sichtweisen politischer Demagogen und die manichäische Weltsicht von politischen wie religiösen Extremisten gefeit und für die Offenheit pluralistischer Demokratien gewonnen werden. Narrationen vermitteln den Schülerinnen und Schülern Erfahrungen von Ambiguität, Kontingenz und einen Sinn für die Pluralität von Werten, Einstellungen und politischen Möglichkeiten. Sie können damit den einschränkenden bzw. repressiven Charakter jedweder Diktatur, verabsolutierender Ideologien und politischer respektive religiöser Ismen erkennen und ein positives Verständnis für die Vielfalt menschlicher Interessen, Werturteile und politischer Auffassungen entwickeln. Milan Kundera fasst die *Raison d'être* des Romans deshalb wie folgt zusammen: „Als Modell dieser auf die Relativität und Ambiguität der menschlichen Dinge gegründeten Welt ist der Roman mit dem totalitären Universum unvereinbar. (…) Die auf eine einzige Wahrheit gebaute Welt und die vieldeutige und relative Welt des Romans bestehen jede aus einer vollkommen unterschiedlichen Materie. Die totalitäre Wahrheit schließt Relativität, Zweifel, Fragen aus und ist daher nie in Übereinstimmung mit dem zu bringen, was ich den *Geist des Romans* nennen möchte" (Kundera 2007, S. 25; Hervorhebungen im Original). Die Beschäftigung mit Narrationen in der politischen Bildung und die Auseinandersetzung mit den darin vorgestellten Ambiguitäten ermöglicht den Schülerinnen und Schülern die Fähigkeit zu Ambiguitätstoleranz auszubilden.

2.4 Multiple Perspektiven und politische Urteilsbildung

Die in Narrationen zu Tage tretenden Mehrdeutigkeiten ergeben sich insbesondere aufgrund der darin präsentierten unterschiedlichen Sichtweisen der literarischen Figuren. Die verschiedenen und zum Teil disparaten Perspektiven der fiktiven Gestalten offenbaren den Facettenreichtum persönlicher, weltanschaulicher, moralischer und politischer Auffassungen. Den Schülerinnen und Schülern kann dadurch die Relativität von Perspektiven – auch der eigenen – auf lebensweltliche und spezifisch politische Vorgänge bewusst werden. Der fiktive Raum von Narrationen bietet den Lernenden Motivation und Anreize, die Perspektive von anderen einzunehmen, die Welt aus ihrer Sicht zu betrachten und sich empathisch auf eine neue soziale Rolle einzulassen. Literarische Texte können auf diese Weise die Schülerinnen und Schüler auch emotional ansprechen und anregen, sich mit den verschiedenen Perspektiven geistig auseinanderzusetzen, wodurch ihr lebensweltlicher und kultureller Horizont erweitert und bereichert wird.

Die Auseinandersetzung mit in Narrationen repräsentierten unterschiedlichen Perspektiven fordern die Schülerinnen und Schüler darüber hinaus zur Bewertung derselben sowie zur in Fragestellung der eigenen Sichtweise heraus. Deshalb kann der Einsatz von Narrationen in der fächerübergreifenden politischen Bildung dem Ziel der Befähigung der Lernenden zur politischen Urteilskraft in besonderer Weise nachkommen. Ein politisches Urteil qualifiziert sich dadurch, dass es sowohl auf die eigenen wie auf die Interessen anderer gerichtet ist: „Das politische Urteilen eines Individuums behält somit zum einen den Charakter der Eigenständigkeit, zum anderen ist es durch die Einbeziehung der politischen Perspektiven anderer nicht länger nur subjektiv auf die eigene Interessenlage bezogen. Darüber hinaus erkennt das Individuum durch die Einbeziehung der Sichtweise des oder der Anderen die Perspektivität des eigenen politischen Urteils an" (Juchler 2012a, S. 20).

Da der größte Teil der gegenwärtig existierenden sozialen und politischen Realitäten nicht unmittelbar vor der eigenen Haustür anzutreffen sind, kommt der fiktionalen Literatur das Verdienst zu, die Rezipienten wenigstens vermittels ihrer Vorstellungskraft in diese Welten eindringen zu lassen. Narrationen ermöglichen den Schülerinnen und Schülern sowohl eine emotionale, durch Empathie geprägte Beschäftigung als auch eine kognitive Auseinandersetzung mit den Perspektiven anderer in der fächerübergreifenden politischen Bildung, weshalb literarische Texte die Entwicklung von politischer Urteilsfähigkeit bei den Schülerinnen und Schülern in besonderer Weise zu fördern vermögen.

2.5 Hermeneutik und das Verstehen des Politischen

Neben der Förderung der Erlangung politischer Urteilsfähigkeit als spezifisches Ziel politischer Bildungsbemühungen vermag der Einsatz von Narrationen in der fächerübergreifenden politischen Bildung dem tieferen Verständnis des Politischen nachzukommen. Menschen sind aufgrund ihrer geistigen Anlagen fähig zu verstehen. Diese Fähigkeit ist für das *Zoon politikon,* das gemeinschaftsbildende respektive politische Wesen Mensch, von existentieller Bedeutung. Menschen verstehen sich nicht allein auf instrumentell-technische Fertigkeiten, um ihr Überleben zu sichern. Sie vermögen einander in sozialer und politischer Hinsicht zu verstehen, wodurch die Möglichkeit zur Bildung politischer Gemeinschaften und zur Entwicklung politischer Ordnungen als Grundlage des menschlichen Zusammenlebens gegeben ist. Schließlich sind Menschen aufgrund ihrer Fähigkeit zur Reflektion in der Lage, sich selbst zu verstehen.

Seit Friedrich Daniel Ernst Schleiermacher gilt die Hermeneutik als Kunst des Verstehens. Als Methodologie für textbasierte Disziplinen wurde die Hermeneutik deshalb für die Geisteswissenschaften allgemein wie auch für die Politikwissenschaft im Besonderen relevant. Für die Politische Bildung ist die Hermeneutik nicht allein als Methodologie zur Erlangung wissenschaftlicher Erkenntnisse bedeutsam. Da sich die Hermeneutik mit den viel- und mehrdeutigen Möglichkeiten des Verstehens an sich und damit auch mit den Voraussetzungen des gedeihlichen sozialen und politischen Zusammenlebens von Menschen beschäftigt, stellt sie eine epistemologische Konstituente für politische Bildungsprozesse dar.

Hierzu kann der fächerübergreifende Einsatz von Narrationen in der politischen Bildung aufgrund der dabei vermittelten Erfahrungen der Ambiguität, Kontingenz und vielfältiger Perspektiven (siehe oben) in besonderer Weise beitragen.

Schließlich vermag der Umgang mit Narrationen der Persönlichkeitsentwicklung und Selbstaufklärung der Lernenden nachzukommen. Literarische Texte können über das Verständnis des Politischen hinaus für ein umfassenderes, ontologisches Selbstverständnis der Lernenden im emphatischen Sinne einer „Hermeneutik des Daseins" dienlich sein. Martin Heidegger hatte die seit Wilhelm Dilthey vorwiegend als heuristisches Verfahren der Geisteswissenschaften genutzte Hermeneutik mit einem existenzialen Grundzug neu konzeptionalisiert. Für Heidegger ist sie nicht allein eine Kunstlehre zur Auslegung von Texten oder eine Methodologie der Geisteswissenschaften. Vielmehr sieht er in der Hermeneutik die Möglichkeit für den Menschen, sein eigenes Dasein zu verstehen: „Die Hermeneutik hat die Aufgabe, das je eigene Dasein in seinem Seinscharakter diesem Dasein selbst zugänglich zu machen, mitzuteilen, der Selbstentfremdung, mit der das Dasein geschlagen ist, nachzugehen" (Heidegger 1995, S. 15). Die Auseinandersetzung mit Narrationen in der fächerübergreifenden politischen Bildung kann letztlich dieser „Selbstentfremdung", der „Seinsvergessenheit", entgegenwirken, deren vielfältigen Anreizen durch Massenmedien sowie neue Informations- und Kommunikationstechnologien Jugendliche in besonderer Weise ausgesetzt sind.

3 Christoph Hein: *In seiner frühen Kindheit ein Garten*

Bei der Beschäftigung mit Christoph Heins Roman *In seiner frühen Kindheit ein Garten* (2005) im fächerübergreifenden Politikunterricht bieten sich die politischen Konzepte von Ordnung, Demokratie, Recht, Rechtsstaatlichkeit, Massenmedien, staatlichem Gewaltmonopol und Gerechtigkeit zur Thematisierung an. Die mit der Narration möglichen weiteren, unterrichtlich erschließbaren didaktischen Momente können in diesem Rahmen nicht explizit hervorgehoben werden.

3.1 Die Handlung im zeitpolitischen Kontext

Mit seinem Roman *In seiner frühen Kindheit ein Garten* nimmt sich Christoph Hein einer Thematik an, die einen realen Handlungshintergrund hat, der zu Beginn der 1990er Jahre die politische Öffentlichkeit in der Bundesrepublik umtrieb und polarisierte – die Ereignisse um die versuchte Festnahme von Mitgliedern der Kommandoebene der *Roten Armee Fraktion* (RAF) im Bahnhof des mecklenburgischen Ortes Bad Kleinen. Im Vorfeld dieser Ereignisse war es den Ermittlungsbehörden erstmals gelungen, einen Informanten – Klaus Steinmetz – im Umkreis von Kadern der dritten Generation der RAF – Wolfgang Grams und Birgit Hogefeld – zu platzieren. Steinmetz ermöglichte durch seine Informationen den Behörden die Planung zur Festnahme der beiden steckbrieflich gesuchten Terroristen im Bahnhof von Bad Kleinen. Der polizeiliche Zugriff am 27. Juni 1993 geriet jedoch zum Debakel, bei dem der GSG 9-Beamte Michael Newrzella von Grams getötet wurde, der seinerseits bei der Aktion zu Tode kam. Birgit Hogefeld konnte festgenommen werden. In den Massenmedien wurde in der Folge die Frage diskutiert, ob sich Wolfgang Grams selbst getötet hat, oder ob er von GSG 9-Beamten, bereits wehrlos auf den Bahngleisen liegend, erschossen wurde.

Hein benutzt das Polizeidebakel von Bad Kleinen als Hintergrundfolie für seinen Roman, wobei die „namentlich genannten Personen" zwar „frei erfunden" sind, wie es im Vorspann heißt, jedoch unverkennbare Parallelen mit realen Personen aufweisen. Im Mittelpunkt steht Dr. Richard Zurek, aus dessen personaler Erzählperspektive die Handlung nüchtern und sachlich beschrieben wird. Dr. Zurek kommt innerlich nicht zur Ruhe, da er nach dem massenmedial vermittelten Informationswirrwarr um die Ereignisse am Bahnhof in „Kleinen" den behördlich erklärten Todesumständen seines Sohnes keinen Glauben schenkt und deshalb eine neuerliche Untersuchung des Falles anstrebt. Um dieses Handlungsmotiv von Dr. Zurek werden im Roman Fragen nach dem Verhältnis von Rechtsstaat und Gerechtigkeit, der Rechtlichkeit des Rechts, von Demokratie und staatlichem Gewaltmonopol sowie Macht und Medien aufgeworfen. Letztlich sucht Dr. Zurek im Verlauf der Handlung die auf den demokratischen Rechtsstaat Bundesrepublik Deutschland bezogene Frage zu ergründen: „Wo leben wir eigentlich?" (Hein 2005, S. 131)

Vor diesem Hintergrund eignet sich der Roman zur Thematisierung der politischen Konzepte von Ordnung, Demokratie, Recht, Rechtsstaatlichkeit, Massenmedien, staatlichem Gewaltmonopol und Gerechtigkeit. Die zeithistorischen Bezüge ermöglichen darüber hinaus eine Auseinandersetzung mit der jüngeren deutschen Geschichte, die seit dem Ende der Studentenbewegung von 1968 bis zu Beginn der 1990er Jahre auch durch den bundesdeutschen Linksterrorismus, insbesondere durch die Aktivitäten der RAF, geprägt war.

Heins Roman bietet die Gelegenheit, sich mit diesem Moment politischer Zeitgeschichte auseinanderzusetzen und dabei auch die Anlässe und Motivlagen der Linksterroristen kennenzulernen, deren krudes Weltbild zu untersuchen und die Folgen von deren terroristischen Aktivitäten für den Rechtsstaat und die Demokratie in der Bundesrepublik zu reflektieren. Hierzu sind auch die zeithistorischen Hintergründe des Vietnamkrieges und die Auseinandersetzungen zwischen der vom Faschismus belasteten und der Ende der 1960er Jahre aufbegehrenden jüngeren Generation zu betrachten. Darüber hinaus gibt der Roman Anlass für eine Beschäftigung mit Funktion und Rolle der Massenmedien im demokratischen Rechtsstaat. An dieser Stelle lassen sich intertextuelle Bezüge zu Heinrich Bölls *Die verlorene Ehre der Katharina Blum* (1974) herstellen, die für eine tiefere Auseinandersetzung mit der Thematik von Massenmedien und politischer Öffentlichkeit geeignet sind.

Schließlich wird in dem Roman *In seiner frühen Kindheit ein Garten* das verschränkte Beziehungsgeflecht von demokratischem Rechtsstaat, staatlichem Gewaltmonopol und Gesetzen einerseits und subjektivem Rechtsgefühl und Gerechtigkeitsempfinden andererseits vielfältig gebrochen vorgestellt und reflektiert. Der Protagonist des Romans, Dr. Richard Zurek, sowie dessen Sohn Oliver rebellieren aufgrund ihres verletzten Rechtsempfindens auf unterschiedliche Weise und wenden sich dabei vom Rechtsstaat ab. Im Falle von Dr. Zurek verbleibt diese Abkehr in den Grenzen von Recht und Gesetz, während sich sein Sohn Oliver dem bewaffneten Kampf gegen den Staat verschreibt. Das Verhalten von beiden Figuren gemahnt an Michael Kohlhaas aus der gleichnamigen Erzählung von Heinrich von Kleist (1810). Der Roman *In seiner frühen Kindheit ein Garten* bietet vor diesem Hintergrund die Möglichkeit der Auseinandersetzung mit Widersprüchen und Dilemmata, die sich aus einem verletzten Gerechtigkeitsgefühl und Rechtsempfinden auch im demokratisch verfassten Rechtsstaat ergeben können. Die Demokratie als Staatsform ist darauf angewiesen, dass die Bürgerinnen und Bürger diese bisweilen zu Tage tretenden Widersprüche zwischen geltendem Recht und Rechtsgefühl aushalten und hierfür Ambiguitätstoleranz entwickeln.

3.2 Der Rechtsstaat und die „gebrechliche Einrichtung der Welt"

Christoph Hein lässt in seinem Roman Dr. Zurek nicht allein die Umstände des Todes seines Sohnes Oliver untersuchen, sondern auch die Beweggründe für dessen Abgleiten aus einem bürgerlichen Elternhaus in den Terrorismus reflektieren. In einem Gespräch mit seiner Tochter Christin stellt Dr. Zurek die Frage, wie ihr Bruder Oliver „auf diesen Irrweg geraten" konnte. Für die Schwester liegen die Gründe auf der Hand: „Die falschen Freunde, die falschen Bücher, die falschen Zeitungen" (Hein 2005, S. 219). Dr. Zurek widerspricht seiner Tochter: „Nein, Christin, ich denke, begonnen hat es alles mit dieser unseligen Verhaftung, damals vor elf, zwölf Jahren. (...) Ein halbes Jahr hat Oliver unschuldig im Gefängnis gesessen, und in der Öffentlichkeit war er bereits verurteilt, galt als Terrorist" (ebd., S. 220). Auch hier ist die Biografie von Oliver Zurek der von Wolfgang Grams nachempfunden: Grams war 1978 aufgrund des ihm unterstellten Kontaktes zur RAF verhaftet worden, saß bis zur Außervollzugsetzung des Haftbefehls fünf Monate in Untersuchungshaft, und das Ermittlungsverfahren gegen ihn wurde schließlich eingestellt.

Zurück zum Roman: Dr. Zurek sieht einen wesentlichen Grund für das Abgleiten seines Sohnes in den Terrorismus in der ungerechtfertigten Festnahme und Inhaftierung Olivers durch die staatlichen Behörden. Oliver Zurek wurde, wie die Figur Michael Kohlhaas in Heinrich von Kleists Erzählung, zum Gesetzlosen, da der Staat sich selbst nicht an seine Gesetze hielt respektive ihre Durchsetzung nicht gewährleisten konnte. Dr. Zurek resümiert deshalb die Motivation für das Abtauchen seines Sohnes in den Untergrund wie folgt: „Mit Olivers Verhaftung hat alles angefangen. (…) Wenn Oliver wirklich ein Terrorist geworden ist, so hat ihn der Staatsschutz dazu gemacht" (Hein 2005, S. 224).

Darüber hinaus verfügt Oliver Zurek – wiederum im Einklang mit Michael Kohlhaas – von Kindesbeinen an über ein ausgeprägtes Rechtsgefühl: „Pfarrer Alarich sprach über den Konfirmanden Oliver, den er unterrichtet und mit dem er viele Gespräche über Gott und die Welt und Gerechtigkeit geführt hatte. Er sprach über den jungen Oliver, über dessen Wahrheitsliebe und das ausgeprägte, unabdingbare Rechtsgefühl des Knaben, den die so gebrechliche und unvollkommene Welt unablässig beschäftigt hatte. Er habe dem Jungen zu Geduld geraten, aber natürlich habe Oliver diesen Rat eines alten Mannes nicht akzeptieren können. Dem Jungen fehlte die Gelassenheit, die Welt hinzunehmen, wie sie nun einmal ist, sagte er. Ihm fehlte die Abgeklärtheit, die ihn, den Pfarrer, so alt werden ließ. Oliver Zurek habe den Preis dafür zahlen müssen, dass er nicht ruhig und besonnen die Ungerechtigkeiten hinnehmen konnte" (ebd., S. 120 f.).

Diese Charakterisierung der Romanfigur Oliver Zurek ist wiederum an die reale Person Wolfgang Grams angelehnt. Bereits während seiner ersten Anti-Vietnamkriegsdemonstration im Sommer 1970 kommt es zur Konfrontation mit der Polizei, und Grams sieht sich im Recht: „‚Wir hatten uns eine blutige Birne und ein paar Knochenprellungen geholt', erinnert sich Jürgen Schneider. ‚Das war eine seltsame Erfahrung, weil Wolfgang und ich uns im Recht sahen. Wir sind so erzogen worden, dass man sich gegen Unrecht zur Wehr setzen muss, und wir fanden es gerecht, gegen die Bombenabwürfe zu demonstrieren'" (Veiel 2005, S. 36). Ähnlich auch die Einschätzung von Jürgen Herber, der zusammen mit Grams und anderen nach dem Abitur 1972 nach Spanien in Urlaub fährt: „Moralisch ist er gewesen, mit einem gut ausgeprägten Gerechtigkeitsempfinden" (zitiert nach Veiel 2005, S. 39).

Das „Gerechtigkeitsempfinden", wodurch sich Wolfgang Grams motiviert sieht, sich „gegen Unrecht zur Wehr" setzen zu müssen, und das „ausgeprägte, unabdingbare Rechtsgefühl" der Romanfigur Oliver Zurek korrespondieren mit dem Aufbegehren von Michael Kohlhaas gegen die „gebrechliche Einrichtung der Welt" (vgl. Kleist 1993, S. 11). Die „gebrechliche Einrichtung der Welt" bot denn auch für den evangelischen Bischof den Anlass, Oliver Zurek zu überreden, die Illegalität aufzugeben und sich den Behörden zu stellen. Im Brief des Bischofs an den Terroristen heißt es: „Vertrauen Sie dem Rechtsstaat (…) der in unserer gebrechlichen Welt die einzige menschliche Einrichtung ist, Unrecht zu ahnden, ohne gleichzeitig neues zu verschulden. Ich weiß sehr wohl, dass Ihnen Unrecht widerfahren ist, dass Sie unschuldig im Gefängnis gesessen haben. Um zu Ihrem Recht zu kommen, sollten und müssen Sie alles tun, was Ihnen nach Recht und Gesetz zusteht und auszuführen ist. Wenn aber in dieser Welt das Ihnen zustehende Recht für Sie nicht zu erlangen ist, und auch ein Rechtsstaat kann uns keine Gerechtigkeit garantieren, so ist es um Ihrer selbst willen, Ihrer Zukunft und Ihrer Familie wegen, besser, das erlittene Unrecht hinzunehmen, anstatt mit neuem Unrecht jenes tilgen zu wollen. Anderenfalls wird der Staat gemäß der Verfassung unseres Gemeinwesens sich mit seinen Gewalten gegen Sie wenden, und Sie werden Ihr Unglück nicht tilgen, sondern fortsetzen und vergrößern und selbst Unrecht tun" (Hein 2005, S. 73 f.). Der evangelische Bischof führt in Christoph Heins Roman gegen die „gebrechliche Einrichtung der Welt" den Rechtsstaat an, welcher durch die Wahrnehmung des staatlichen Gewaltmonopols als einziger dazu berufen sei, Unrecht zu ahnden. Da jedoch auch ein Rechtsstaat die Durchsetzung von Gerechtigkeit nicht immer garantieren könne, müsse Oliver erlittenes Unrecht hinnehmen. Anderenfalls würde er selbst Unrecht tun.

Das Phänomen, dass verfasstes und ausgeführtes Recht bisweilen nicht als gerecht empfunden wird, kann auch im demokratischen Rechtsstaat nicht vollständig vermieden werden. Andreas Voßkuhle, Präsident des Bundesverfassungsgerichts, merkt hierzu anlässlich einer Vorlesung zum 200. Todesjahr Heinrich von Kleists im Dezember 2011 an: „Zwar sind Willkür und Rechtlosigkeit in einem demokratischen Rechtsstaat wie der Bundesrepublik sicherlich nicht mehr an der Tagesordnung, auch als seltene Phänomene behalten sie aber ihre eigene Sprengkraft. Wo wir von verletztem Rechtsgefühl sprechen, meinen wir ein verletztes Gerechtigkeitsempfinden, und verbinden dies mit dem Anspruch, dass das geltende Recht diesem Gerechtigkeitsempfinden entsprechen soll. Der Kampf ums Recht des Michael Kohlhaas ist der Kampf für Gerechtigkeit. Dass Recht und Gerechtigkeit nicht immer eins sind, gehört zu den verstörenden Erkenntnissen des 20. Jahrhunderts. Diese Erkenntnis ist unhintergehbar" (Voßkuhle und Gerberding 2012, S. 922). Doch stelle unsere Rechtsordnung auch wirksame „Mechanismen zur Korrektur rechtswidriger Entscheidungen" bereit und stelle sich „nicht blind gegenüber der Tatsache, dass jede Rechtsanwendung Menschenwerk ist und deshalb nicht gefeit vor Irrtümern, Fehlern und Nachlässigkeiten". Vor diesem Hintergrund fordere „demokratisch geschaffenes Recht (...) dem Rechtsunterworfenen besondere Verhaltensweisen ab" und es gebe ein „Bewusstsein dafür, dass der Rechtsbruch im Namen der Gerechtigkeit in der Demokratie eine Untugend" sei (ebd., S. 922 f. und S. 925).

Oliver Zurek gebricht es jedoch an Geduld, Gelassenheit und Abgeklärtheit gegenüber der unzulänglich eingerichteten Welt, weshalb er „nicht ruhig und besonnen die Ungerechtigkeiten hinnehmen" kann (Hein 2005, S. 120 f.). Er schließt sich einer terroristischen Untergrundorganisation an, um gegen die Ungerechtigkeiten dieser Welt zu kämpfen. Durch seine Handlungen schafft er neues Unrecht und Leid – es kommt, wie der Bischof in seinem Brief an Oliver Zurek vorausgesehen hatte: „Sie werden Ihr Unglück nicht tilgen, sondern fortsetzen und vergrößern und selbst Unrecht tun" (Hein 2005, S. 74).

Im Versuch, die Beweggründe für das Handeln von Oliver nachzuvollziehen und vor dem Hintergrund des eigenen Scheiterns bei der Aufklärung der Umstände von Olivers Tod, nimmt der ehemalige Gymnasialdirektor Dr. Richard Zurek schließlich selbst Kohlhaas'sche Züge an. Dr. Zurek erklärt seiner Tochter Christin, dass er den Streit um die „Ehre" seines Sohnes nicht fortsetzen konnte und einen „ungleichen Kampf gekämpft hatte, dass die staatliche Seite ihr Monopol auf Gewalt und Rechtsprechung, auf Anonymität, Verschleierung und Verweigerung der erforderlichen Auskünfte auf eine empörende Art gegen seinen Wunsch nach Aufklärung eingesetzt hatte" (ebd., S. 136). Dr. Zurek hat deshalb seinen Glauben an die bundesdeutsche Demokratie verloren, die er gegenüber seinen Schülerinnen und Schülern stets verteidigt hatte: „Ich habe versucht, ihnen klarzumachen, was eine Demokratie von jeder anderen Herrschaft unterscheidet, und warum in einer Demokratie nur rechtliche, nur rechtmäßige Mittel seitens des Staates erlaubt sind. Es gab keinen Tag in meinem Leben als Lehrer, an dem ich nicht vorbehaltlos hinter diesem Staat gestanden habe. (…) Aber heute bin ich nicht mehr sicher, ob ich recht daran getan habe. (…) Von keinem Verbrecher und von keinem Terroristen ist Offenheit und Transparenz zu verlangen, aber von einem Staat sehr wohl, eben weil er dieses Monopol (das Gewaltmonopol; I. J.) besitzt. Anderenfalls unterscheidet er sich in nichts mehr von denen, die er zu bekämpfen hat. Dann wird der Staat selbst zum Terroristen. Und zu dem gefährlichsten von allen, weil er, anders als der schlimmste Verbrecher, eine unumschränkte Macht besitzt und einsetzen kann" (Hein 2005, S. 224 f.).

Vor dem Hintergrund seiner Überlegungen sucht der frühere Gymnasialdirektor das Forum seiner ehemaligen Schule, um die Konsequenzen seiner Reflektionen in einer Rede vor Schülerinnen und Schülern sowie dem Kollegium darzulegen: „Ich habe einen Eid geleistet, (…) den Amtseid eines Staatsangestellten. Ich habe geschworen, das Grundgesetz und alle Gesetze des Landes gewissenhaft zu wahren. Da der Staat aber seine eigenen Gesetze nicht wahrt, bin ich von meinem Amtseid entbunden. (…) Vor Ihnen allen als meinen Zeugen: Ich widerrufe hiermit meinen Eid. (…) Ich bin nicht wortbrüchig, denn den Eid habe nicht ich gebrochen, sondern der Staat. Und ich will mich nicht zu seinem Schurken machen lassen" (ebd., S. 267 f.).

Im Unterschied zu Michael Kohlhaas und zu seinem Sohn Oliver verbleibt Dr. Zurek trotz seines verletzten Rechtsgefühls im rechtlich vorgegebenen Rahmen. Er wird nicht zum gewalttätigen Rebellen oder Terroristen, sondern zieht nur für sich persönlich eine rigide Konsequenz. Doch nimmt er seinen individuellen Bruch mit dem demokratischen Staat öffentlich vor und wählt dazu eine ganz bestimmte Öffentlichkeit – die seiner ehemaligen Schule mit heutigen Schülerinnen und Schülern. Hier kommt nochmals ein pädagogischer Impuls des ehemaligen Gymnasiallehrers und Direktors zum Tragen, die Rede in der Schule am Geburtstag seines Sohnes Oliver ist ihm eine „pädagogische Verpflichtung" (Hein 2005, S. 265), die in eindrücklicher Weise den individuellen Lernprozess von Dr. Zurek im Verlauf um die Auseinandersetzungen mit dem Tod seines Sohnes Oliver unterstreicht. Vormals hatte Dr. Zurek sein demokratisches Ethos als Pädagoge wie folgt gepflegt: „Im Deutschunterricht und in Gesellschaftskunde habe ich ihnen die Demokratie erläutert und erklärt, was ein Beamter ist, nämlich ein Staatsangestellter mit einer besonderen Treuepflicht. Ein Mensch, für den der Staat sorgt und der seinerseits selbstlos dem Staat und der Gerechtigkeit zu dienen hat" (ebd., S. 172). Im Widerrufen seines Amtseids wird der unüberbrückbare Abgrund deutlich, der Dr. Zurek nun vom demokratischen Staat trennt, da dieser ihm respektive seinem Sohn keine Gerechtigkeit habe wiederfahren lassen.

Literatur

Autorengruppe Fachdidaktik. 2011. Sozialwissenschaftliche Basiskonzepte als Leitideen der politischen Bildung. In *Konzepte der politischen Bildung. Eine Streitschrift*, hrsg. Autorengruppe Fachdidaktik., 163–171. Schwalbach/Ts.: Wochenschau.
Deichmann, Carl. 2001. *Fächerübergreifender Unterricht in der politischen Bildung*. Schwalbach/Ts.: Wochenschau.
GPJE (Hrsg.). 2004. *Nationale Bildungsstandards für den Fachunterricht in der Politischen Bildung an Schulen – Ein Entwurf*. Schwalbach/Ts.: Wochenschau.
Heidegger, Martin. 1995. *Ontologie. (Hermeneutik der Faktizität)*. Gesamtausgabe, Bd. 63. Frankfurt/M.: Vittorio Klostermann.
Hein, Christoph. 2005. *In seiner frühen Kindheit ein Garten*. Frankfurt/M.: Suhrkamp.
Henkenborg, Peter. 2011. Wissen in der politischen Bildung – Positionen der Politikdidaktik. In *Konzepte der politischen Bildung. Eine Streitschrift*, hrsg. Autorengruppe Fachdidaktik, 111–132. Schwalbach/Ts.: Wochenschau.
Hilligen, Wolfgang. 1985. *Zur Didaktik des politischen Unterrichts. Wissenschaftliche Voraussetzungen – Didaktische Konzeptionen – Unterrichtspraktische Vorschläge*. Opladen: Leske + Buderich.
Juchler, Ingo. 2012. *Der narrative Ansatz in der politischen Bildung*. Berlin: Duncker & Humblot.
Juchler, Ingo. 2012a. Politisches Urteilen. *Zeitschrift für Didaktik der Gesellschaftswissenschaften* 3 (2): 10–27.
Kleist, Heinrich von. 1993. *Michael Kohlhaas*. Stuttgart: Reclam.

Kundera, Milan. 2007. *Die Kunst des Romans. Essay.* München: Hanser.
Mieth, Dietmar. 2007. Literaturethik als narrative Ethik. In: Joisten, Karen (Hrsg.): Narrative Ethik. Das Gute und das Böse erzählen. *Deutsche Zeitschrift für Philosophie.* Sonderband 17. Berlin: de Gruyter, 215–233.
Sander, Wolfgang. 2009. Bildung und Perspektivität – Kontroversität und Indoktrinationsverbot als Grundsätze von Bildung und Wissenschaft. *Erwägen – Wissen – Ethik* 20 (2): 239–248.
Sander, Wolfgang. 2011. Kompetenzorientierung in Schule und politischer Bildung – eine kritische Zwischenbilanz. In *Konzepte der politischen Bildung. Eine Streitschrift,* hrsg. Autorengruppe Fachdidaktik, 9–25. Schwalbach/Ts.: Wochenschau.
Toens, Katrin und Ulrich Willems (Hrsg.). 2012. *Politik und Kontingenz.* Wiesbaden: Springer.
Veiel, Andres. 2005. *Black Box BRD. Alfred Herrhausen, die Deutsche Bank, die RAF und Wolfgang Grams.* Frankfurt/M.: Fischer.
Voßkuhle, Andreas und Johannes Gerberding. 2012. Michael Kohlhaas und der Kampf ums Recht. *Juristenzeitung* 67 (19): 917–925.
Weißeno, Georg et al. 2010. *Konzepte der Politik – ein Kompetenzmodell.* Schwalbach/Ts.: Wochenschau.
Wilhelm, Theodor. 1957. Das Stoffgebiet der politischen Bildung in der Volksschule. Auswahl und Schwerpunkte. In *Die Praxis der politischen Bildung in der Volksschule,* hrsg. Bundeszentrale für Heimatdienst, 36–54. Bonn: Bundeszentrale für Heimatdienst.

Taugt Empörung als Motiv für politische Werte-Bildung?

Sibylle Reinhardt

1 Das Problem

Das allgemein geteilte Ziel der Mündigkeit gibt politischer Bildung ihre Richtung – es gilt, den Einzelnen zu verantwortlicher Autonomie und zur lauten Stimme im dissonanten Chor der politischen Partizipation zu befähigen. „Rationalität und Emotionalität" (Schiele & Schneider 1991) sind ein altes Thema, auch durch den Dreiklang kognitiver, affektiver und pragmatischer Lernziele schon in den ersten Richtlinien für den Politik-Unterricht des Landes NRW: Politische Leistungen setzen „nicht nur Denkenlernen, sondern auch Affekt- und Verhaltenslernen" voraus (Kultusminister 1973, S. 7).

Insbesondere moralische Stellungnahmen sind häufig emotional fundiert. „Rational ist ein Urteil, das möglicherweise durch (auch emotionales) Meinen angestoßen wurde, diese Ebene aber überschreitet und integriert, indem die Inhalte informiert bearbeitet und verantwortlich bewertet werden" (Reinhardt 2012, S. 149). Soziale Perspektivenübernahme führt auch zur Empathie, also dem Mitleiden oder Mitfühlen mit anderen und auch „der Empörung aus gestörtem Gerechtigkeitsempfinden" (Breit 1991, S. 60). Diese Betroffenheit kann das Subjekt für seine Entwicklung politisch-moralischen Urteilens anstoßen und antreiben. Auch neuere demokratietheoretische Überlegungen denken „Emotionen und Rationalität nicht mehr als unvermittelte Größen" (Schaal & Heidenreich 2013, S. 10).

In der didaktischen Diskussion sind mindestens zwei Schwerpunkte zu beobachten, die Gefühlen einen Platz in der politischen Urteilsbildung geben: Die Fähigkeit zur Perspektiven- und Rollenübernahme ist eine der zentralen Kompetenzen des Demokratie-Lernens (vgl. Reinhardt 2012, S. 22) und die Dilemma-Methode ist einer der Lernwege, der subjektives Fühlen in seinen Gang integriert (a. a. O., S. 156 f.). Aber Gefühle sind ambivalent. Sie taugen als Bezug für politische Bildung nicht so ungebrochen wie z. B. Mündigkeit in der philosophischen Tradition Immanuel Kants (1784).

2 Moralische Empörung, Entrüstung und Verachtung – ihr Wert und Unwert

Vermutlich wird jede(r) Leser(in) starke Gefühle politischer Empörung wachrufen können. Die Autorin ist – falls Erinnerungen darüber etwas sagen können – als Kind durch Empörung politisiert worden (Reinhardt 2013, S. 55): die Vertreibung der Kinder aus einem zerstörten Park in die Ruinen der Nachkriegszeit, die körperliche Strafe in der Schule und später (und übrigens auch heute) die menschen- und gesellschaftsfeindliche soziale Ungleichheit motivierten den Appell „Das darf so nicht sein und muss geändert werden". Für viele Menschen waren damals und später die deutsche Geschichte und die deutsche Schuld ein Motiv für ihre moralisch fundierte Entrüstung und ihr andauerndes Engagement gegen Faschismus und Neo-Nazismus. Auch die Beunruhigung über technologischen Fortschritt und seine Auswirkungen (von Atomkraft bis Gentechnik) war und ist ein Motor für politisches Rufen.

Aber diese Beispiele geben der Empörung und Entrüstung keinen Freibrief, sich durchsetzen zu dürfen. Denn der Appell „Empört Euch!" ist offen für alle Richtungen und Ziele. War er bei Hessel (2011) eindeutig gemeint und gerahmt durch seine Lebensgeschichte als Widerstandskämpfer, kann er in anderen Fällen mit genauso großer Wucht gegen die jeweils aktuellen Fremdgruppen gerichtet sein. Auch kann die tief empfundene Sorge über den Gang der Dinge zu moralischer Selbstgerechtigkeit führen, die dann die demokratische Auseinandersetzung erschwert, oder der menschlich sympathische Abscheu kann Erkenntnis behindern, und schließlich kann Empörung keine Leitlinie für die Entscheidung moralischer Dilemmata liefern. Diese Andeutungen seien ein wenig erläutert.

In einem Anhörungsverfahren zur Zulassung gentechnisch manipulierter Kartoffeln beobachtete van den Daele vor über 10 Jahren nicht nur klare Gegnerschaft, sondern auch menschliche Verachtung. Den Antragstellern wurde mit manchen Äußerungen die Anerkennung als Mensch verweigert, wenn ihren Vertretern vorgeworfen wurde, sie würden ihrer Verantwortung als Mensch nicht gerecht und sie machten sich schuldig (van den Daele 2001, vgl. Reinhardt 2014). Gesucht wurden dann Verfahren, die eine demokratische Auseinandersetzung fördern konnten – eine wahrhaft didaktisch-methodische Suche! Die moralisch begründete Weigerung von Schülerinnen, sich mit dem Gedankengut von Rechtsextremen überhaupt nur zu beschäftigen, motivierte Christian Fischer dazu, die „Moralstufenanalyse" für die selbständige und kooperative Arbeit von Lernenden zu entwickeln. Denn „solange diese moralische Ablehnung nur affektiv moralisch begründet bleibt", wirkt sie als „Verstehenshemmer" und „verhindert eine analytisch-reflexive Erschließung der rechtsextremen Denk- und Handlungsmuster" (2011, S. 256). Und die Empörungs-Wellen für und wider die Beschneidung von Jungen im Jahre 2012 stellten einerseits eine Zerreißprobe für die politische Kultur dar und zeigten andererseits erstaunliche Gelassenheit und Distanz in der politischen Bearbeitung dieses nicht lösbaren moralischen Dilemmas (Details bei Reinhardt 2013).

Der positive Beitrag starker Gefühle wie Empörung und Entrüstung ist ihre Kraft zur Motivation für die Politik. Sie geben nicht gleich klein bei, sie dauern an, sie stiften Identität für Einzelne und Gruppen. Aber sie beantworten nicht selbst die Frage, ob die Entrüstung moralisch zu rechtfertigen ist – dafür sind rationale Klärungen und Beurteilungen nötig (vgl. auch Sutor 1991). Dies sind sowohl gesellschaftlich-politische als auch didaktische Aufgaben.

3 Werte integrieren nicht konkret und eindeutig, sie können spalten

Individuelle Identität und gesellschaftliche Integration brauchen Werte als geteilte Überzeugungen vom richtigen Handeln. Werte können konkrete normierende Vorschriften für das Handeln in bestimmten Rollen (zum Beispiel als „ehrbarer" Kaufmann) und Situationen (zum Beispiel in der Konkurrenz zu anderen mit „Anstand") formulieren, sie können auch abstraktere Leitlinien wie Menschlichkeit oder Gerechtigkeit sein. Sie sind Maßstäbe zur wertenden Beurteilung von Wünschen, Bestrebungen, Objekten und Handlungen (Thomé 2005, S. 389 ff.), sind also keine fassbaren Gegenstände, sondern (verinnerlichte) Ideale (grundlegend Welzel 2009).

Häufig gibt es die Hoffnung, Werte könnten die vielfältigen Fragen nach dem Sinn des Handelns eindeutig beantworten. Sie wird enttäuscht, wenn z. B. der Deutsche Ethikrat kein einstimmiges Votum zur Sterbehilfe formuliert hat (Tagesspiegel 2012). Diese Hoffnung ist aber illusionär, denn sie verfehlt den Konflikt von Werten im konkreten Dilemma (zur Sterbehilfe können gegenläufige Überzeugungen mit Werten wie der Würde des Menschen und der Achtung vor dem Leben gerechtfertigt werden), und sie verfehlt den Wandel der Werte (so sind die Rollen von Mann und Frau heute bei vielen Menschen sehr anders definiert als vor Jahrzehnten). Konflikte und Wandel sind gegeben und können nicht verleugnet werden. Werte sind plural und stellen die Aufgabe der zu begründenden Auswahl, Werte konfligieren in Dilemmata und stellen die Aufgabe der zu begründenden Entscheidung.

Meist wird von Werten mit dem Bezug auf Individuen gesprochen; den Personen werden die Aufgaben der Wahl und der Entscheidung zugesprochen. Aber Werte werden auch in vorgegebenen Regelungen und Institutionen verfestigt. So wird der Familie als Institution und Lebenswelt ein hohes Maß an Verpflichtung zur Solidarität zugesprochen; der Wert der Solidarität bedeutet aber in der Institution der Familie etwas konkret anderes als in der Institution der Sozialversicherung (vgl. Reinhardt 2000). Werte sind also nicht nur personal, sondern auch institutionell (und wiederum je nach Kontext unterschiedlich) – und damit auch gesellschaftlich und/oder politisch, denn die Wertsetzungen für Institutionen wie Familie oder Schule erfolgen sowohl in Prozessen des sozialen Aushandelns für die gemeinsame Definition als auch in der objektivierteren Form der politischen Rechtsetzung. Soll eine individuelle Wertschätzung nicht nur privat authentisch sein, sondern gesellschaftlich wirksam werden, dann muss sie sozial und politisch ausgreifen. Werte sind also personal und politisch, sie sind konkret und allgemein und je nach Kontext und Zeit variabel.

Moderne Gesellschaften in globalisierten Abhängigkeiten können demnach nicht von selbstverständlicher Integration durch geteilte konkrete Werte ausgehen. Sie müssen sich um ihre kollektiven Identitäten streiten und verständigen, wofür das Grundgesetz für die Bundesrepublik Deutschland einen Rahmen festlegt. Seinem universalistischen Wertekern (Menschenwürde, Grundrechte) würden wohl alle Betroffenen zustimmen können.

Die Frage nach persönlicher, subjektiver Identität ist mit dem Hinweis auf universale Werte nicht ausreichend beantwortet. Denn wer ich bin, wie ich leben will und kann und ob ich den Weg verantworten kann, wem ich mich zugehörig fühle und wie ich meine Biographie verständlich für mich und andere entwerfe, das können mir abstrakte Prinzipien zwar rahmen, aber nicht vorgeben. Die Antworten sind konkret und (auch) verknüpft in partikulare Kontexte. Ich gehöre Gemeinschaften an, bin Mitglied in Organisationen und schließlich (Staats-)Bürgerin in dieser Gesellschaft und diesem Staat. Emotionale und funktionale Teilhaben enthalten Werte, die häufig nicht umfassend bewusst sind und sich besonders deutlich bei Reaktionen der Empörung und der Abwehr zeigen. Diese Reaktionen sind erst einmal Affekte, sie können aber bewusst und dann beurteilt werden. Damit wird die Ebene direkter Authentizität verlassen und es wird in die Ebene von reflexiver Bildung und Selbstbildung gewechselt.

Die Brisanz der kulturellen Vielfalt zeigte sich 2012 in den auch wütenden Stellungnahmen für und gegen die Beschneidung von Jungen (Reinhardt 2013 und 2014). Der teils erbitterte Streit um die Beschneidung und ihre politisch-rechtliche Regelung war ein Streit um Identität. Jüdische und muslimische Stimmen stuften das Urteil des Kölner Landgerichts, das in einem konkreten Fall die Beschneidung eines Jungen als Körperverletzung und damit als grundsätzlich strafbar angesehen hatte, als Gefährdung ihres religiösen Lebens ein. Religiöse Gebote gälten unbedingt und gäben kein Mandat zum Verhandeln! Auf der Gegenseite wurden empörte Stimmen gegen den irreversiblen Eingriff in den Körper unmündiger, wehrloser Kinder laut. Der Gegensatz schien total zu sein, der innergesellschaftliche Friede schien bedroht zu sein.

Die Unterscheidung von universalen moralischen Regeln und partikularen, also konkreten Bindungen ist für die Analyse und Stellungnahme hilfreich. Jürgen Habermas unterscheidet moralische von ethisch-politischen Fragen. „Bei moralischen Fragestellungen bildet die Menschheit bzw. eine unterstellte Republik von Weltbürgern das Bezugssystem für die Begründung von Regelungen, die im gleichmäßigen Interesse aller liegen. (…) Bei ethisch-politischen Fragestellungen bildet die Lebensform ‚je unseres' politischen Gemeinwesens das Bezugssystem (…)." (Habermas 1992, S. 139) Der allgemeine Bezugspunkt moralischer Universalität muss konkret werden, was kein widerspruchsfreier Vorgang sein kann, weil sich unsere Lebensformen unterscheiden können. Habermas verhandelt dies als Problem der Anwendungsdiskurse: „In Anwendungsdiskursen beziehen sich die bereits als gültig unterstellten Normen nach wie vor auf die Interessen aller möglicherweise Betroffenen; aber bei der Frage, welche Norm einem gegebenen Fall angemessen ist, treten (…) Situationsdeutungen in den Vordergrund, die vom (…) Selbst- und Weltverständnis von Tätern und Betroffenen abhängen." (a.a.O., S. 280)

Identität zu finden ist für Menschen eine Bedingung ihrer Existenz. Dafür sind partikulare Lebenszusammenhänge wichtig und hilfreich. So ist die Zugehörigkeit zu einer Religionsgemeinschaft ein möglicher Weg für die Verankerung des Individuums, der nicht von allen gewählt wird und der inhaltlich sehr unterschiedlich aussehen kann. Die Wahl steht den Individuen offen, jedenfalls formal und ohne staatliche Direktive (negative und positive Religionsfreiheit laut Grundgesetz). Auf der Ebene von Individuen reihen sich sehr unterschiedliche Identitäten scheinbar konfliktlos nebeneinander, die sich wechselseitig für gleich-gültig erklären und so tolerieren können. Es kann aber auch – wie im Falle der Beschneidung von Jungen – ein Dilemma gegeben sein, wenn eine kulturelle Vorschrift einem höchstrangigen Wert dieser Kultur und Verfassung, nämlich dem Recht auf körperliche Unversehrtheit und dem Recht auf Selbstbestimmung, widerspricht.

Was machen wir, wenn für ein moralisch-ethisches Dilemma keine „Lösung" möglich ist? Die Fähigkeit zum Frieden bedeutet auch, sehr großzügig konkrete Unterschiede zu ertragen – auch nach massiven Konflikten um letzte Werte. Wir brauchen einen Umgang mit Werten, der Konflikte verhandelbar macht bis hin zu dem Punkt, dass sie eventuell als unlösbare akzeptiert werden. Das bedeutet keine Zustimmung zu einer der Positionen, sondern das Stillstellen des nicht bewältigbaren Konflikts. So hat der Gesetzgeber 2013 das Bürgerliche Gesetzbuch ergänzt (§ 1631d) und die Beschneidung des männlichen Kindes als Recht in die Personensorge der Eltern integriert und dafür einige Verfahrensregeln aufgestellt. Der neue Paragraph formuliert keine Lösung des Werte-Dilemmas – wie sollte er auch –, sondern festigt und anerkennt das Werte-Dilemma. Im Prozess der politischen Auseinandersetzung wurde nach meiner Beobachtung sehr kontrovers und sehr vorsichtig agiert, was die Bedingungen für die friedliche Bearbeitung des Konflikts waren.

4 Die didaktische Aufgabe der Werte-Bildung: Moralisch-politische Urteilsbildung

Der Umgang mit moralischen Konflikten, die sich in Werte-Dilemmata konkretisieren, benötigt die Fähigkeit der Individuen zur Distanz, damit die Konflikte verhandelbar werden. Der Umgang muss reflexiv sein, also nicht ungebrochene Emotionalität mit ihrer Klarheit und Entschiedenheit einsetzen, sondern die Kontroverse emotional und kognitiv aushalten und im Gespräch repräsentieren. Nur dann ist die Möglichkeit ziviler Regelsetzung eröffnet. An die Stelle verpflichtender Werte-Erziehung tritt dann Werte-Bildung mit der Absicht, Mündigkeit zu fördern. Diese Aussage lässt sich für Lehr- und Lernprozesse in Teilaussagen zerlegen:

1) Gefühle sind konstitutiv für die Person und ihre Identität. Sie geben Motivation für das Handeln, so auch für politische Partizipation. Sie sind also zu achten und in Lernprozesse zu integrieren, die politische Bildung für die Demokratie zum Ziel haben.
2) Die Subjekte lernen und urteilen als politische Bürger und Staatsbürger, nicht lediglich als institutionalisierte Akteure. Die Personalisierung von Strukturen (wie in der Literatur üblich) ermöglicht die Brücke von der Lebenswelt in die Systemwelt.
3) Das einzelne Subjekt erwirbt Distanz zu sich selbst durch die Kontroverse mit anderen, mit deren Wertsetzungen und deren Einschätzungen zu Interessen und Tatsachen. Die Kontroverse um Werte kann in Dilemmata verkörpert sein.
4) Distanz zum Konflikt der Werte wird durch die Reflexion auf diese Werte möglich. Wenn nach gefühlsbetonten Äußerungen diese befragt und beurteilt werden verschiebt sich die Frage vom Konflikt zwischen Einzelnen auf die Tragfähigkeit der Argumentationen.
5) An die Stelle subjektiver Authentizität(en) treten Fragen kollektiver Regelungen. Das personale ethische Dilemma muss zum politischen Dilemma weitergeführt werden, damit die Perspektive vom Individuum zur Gesellschaft mit ihrer Regelungsfunktion wechselt.

6) Die Auseinandersetzungen ermöglichen substanzielle Toleranz statt Verachtung. Gefühle werden eingebettet in die Möglichkeit, politischen Entscheidungen inhaltlich nicht zuzustimmen, sie aber zu achten und zu ertragen.

Werte-Bildung als Teil moralisch-politischer Urteilsbildung betont einerseits die moralische Seite unseres Urteilens im politischen Raum, zeigt aber andererseits selbst schon die notwendige Verklammerung mit dem politischen System und seinen Strukturen und Abläufen. Deshalb fördert sie jene politische Kultur, deren Demokratie bedarf (vgl. auch Welzel 2009, S. 132 ff.; Reinhardt 2014).

5 Die unterrichtsmethodische Umsetzung: Dilemma-Methode (Beispiel: Fall Daschner)

Didaktische Forderungen benötigen die praktische Seite des Handelns im Unterricht, damit sie das Lernen fördern können. Andernfalls postulieren sie lediglich, bürden die Umsetzung aber den Praktikern auf und machen sich damit das Leben leicht. Für politische Wertebildung ist die Dilemma-Methode gut ausgearbeitet und vielfältig kommentiert worden (Reinhardt 1999 und 2012; May 2013). Sie wird hier am Fall Daschner entfaltet.

Der Fall Daschner ist ein menschlich berührendes und politisch relevantes Beispiel für ein tragisches persönliches Dilemma. Daschner hatte als Frankfurter Polizeivizepräsident im Herbst 2002 dem (damals mutmaßlichen) Kindesentführer Gäfgen durch einen Untergebenen die Zufügung von Schmerzen, also Folter, androhen lassen, wenn er nicht den Ort nenne, an dem sich das (hoffentlich noch lebende) Opfer Metzler befinde. Der Genötigte hatte den Ort genannt, an dem dann die Leiche des Kindes gefunden wurde. In einem Strafprozess ist Daschner zwar milde, aber doch verurteilt worden, weil die Achtung der Menschenwürde unantastbar sei und Folter oder ihre Androhung in einem Rechtsstaat nicht zulässig sei (FAZ 21. 2. 2004, S. 3).

Beides ist gut nachvollziehbar: Sowohl Daschners Entscheidung für die Androhung von Schmerzen, um Leben zu retten, und auch seine Verurteilung durch das Landgericht wegen des Verstoßes gegen das Strafgesetz (§ 240 – Nötigung), denn dieses Gesetz vertritt einen notwendigen universellen Grundsatz. Die Handelnden standen in einem unlösbaren Werte-Dilemma. Beide Positionen berufen sich zu Recht auf denselben verallgemeinerungsfähigen Grundsatz der Menschenwürde. Ob eine politische bzw. verfassungsrechtliche Lösung denkbar wäre, bleibt bisher offen. Der Versuch des Staatsrechtslehrers Dreier, in einem solchen Fall den Gedanken einer „rechtfertigenden Pflichtenkollision" nicht von vornherein auszuschließen, trug ihm den Vorwurf ein, den Schutz der Menschenwürde als „Anker unserer Werteordnung zu relativieren" (FAZ 2.2.2008, S. 2). (Zur Entwicklung seiner Argumentation vgl. Reinhardt 2008, S. 283 f.). Das persönliche Dilemma war zugleich ein Dilemma von Rechtsstaat und Demokratie.

Tabelle 1 Die Dilemma-Methode (Phasen)

Phase I	Konfrontation mit dem ethischen Dilemma einer Person (Daschner)
Phase II	Strukturierung des Dilemmas (Konfligierende Werte/Anwendungen)
Phase III	Reflexion der Argumente (Tragfähigkeit? Überzeugungskraft?)
Phase IV	Politisierung des Dilemmas (Gesetzliche Richtschnur? Welche?)

(nach Reinhardt 1999)

Grundsätzlich führt der Weg vom lebensweltlichen Zugang, der den Lernenden am ehesten verfügbar ist und sie womöglich emotional bedrängt, über die Klärung und Vergewisserung möglicher Gründe zu einer nochmals distanzierteren Analyse und Bewertung der Argumente und Stellungnahmen bis zur Dimension des demokratischen kollektiven Rechtsetzens.

In der ersten Phase werden die Lernenden mit dem Fall konfrontiert. Ohne Vorgaben können sie ihre Betroffenheit äußern, auch mit stark emotionalen Tönen. (Der/die Lehrerende kann erzählen, einen Text berichten lassen, s. May 2013, S. 186, oder ein anderes Medium einsetzen.) Der/die Lehrende ist in dieser Phase Sekretär der Lerngruppe, denn deren Äußerungen werden notiert (Medien so wählen, dass nicht der Rücken den Lernenden zugekehrt wird, denn das bricht Kommunikation, auch schweigende, ab.)

In der zweiten Phase werden die möglicherweise etwas wilden Äußerungen aus der ersten Phase sortiert (dafür ist die Mitschrift des Lehrenden wichtig, die den Lernenden zugleich Achtung für ihre Arbeit zeigt) und vielleicht ergänzt. Es entsteht eine klare Gegenüberstellung der Argumente für und gegen das Handeln von Daschner. Hier können sich moralische und rechtliche und politische Argumente finden. (Außer dem Gespräch schlägt May weitere Verfahren vor, z. B. Sprechblasen, Argumente-Cluster, Rollenspiel.) Die inhaltliche Reichhaltigkeit der Argumente kann zunehmen, wenn die Lerngruppe über ein Instrument für die Analyse des moralischen Kerns von Argumenten verfügt (ab Klasse 10 dürfte dies realistisch sein können, die Entscheidung hängt von der Bedingungsanalyse ab). Diese Funktion kann das Modell der Urteilsstrukturen von Lawrence Kohlberg erhalten, das ursprünglich die ontogenetische Entwicklung quantitativ-empirisch untersuchte, hier aber für hermeneutische Klassifikationen dient.

Tabelle 2   Das Modell der Urteilsstrukturen

Stufe 1	Orientierung am eigenen Wohlergehen
Stufe 2	Orientierung an strategischer Tauschgerechtigkeit
Stufe 3	Orientierung an den Erwartungen der Bezugsgruppen
Stufe 4	Orientierung an der Gesellschaftsverfassung
Stufe 5	Orientierung am Sozialvertrag
Stufe 6	Orientierung an verallgemeinerungsfähigen Prinzipien

(nach Kohlberg 1995/1968)

Die sechs Stufen entfalten sich erweiternde soziale Perspektiven und das sich generalisierende Konzept von Gerechtigkeit. Steht bei Stufe 1 das Ich im Zentrum des Urteils, so weitet sich die soziale Perspektive über den sozialen Nahraum bis hin zur Universalität aller denkbaren Betroffenen unter der Verfahrensidee des idealen Diskurses auf Stufe 6. In einer Fortbildungsveranstaltung haben Lehrer und Lehrerinnen diese Argumente für und gegen die Folter-Androhung durch den Polizei-Vizepräsidenten produziert:

Tabelle 3   Argumentations-Tableau zum Daschner-Dilemma

Stufe	Gründe für die Folter-Androhung	Gründe gegen die Folter-Androhung
1	Er ist unter Druck der anderen: Rette das Kind!	Die Tat wird bestraft werden.
2	Der Entführer verdient nichts anderes. Der Erfolg würde rechtfertigen	Ich will Präsident bleiben. Als Jurist blamiere ich mich total. Emotion
3	Mitleiden mit der Mutter und anderen in der Familie	Man quält nicht andere (Goldene Regel)
4	Retten ist seine Aufgabe	Das Gesetz verbietet Folter.
5	Das Gesetz müsste Ausnahmen zulassen.	Das Menschenrecht steht nicht zur Verhandlung.
6	Leben des Menschen	Menschenwürde

Mit der Hilfe des Modells der Urteilsstrukturen können nicht nur mehr Gründe produziert werden, das Instrument ermöglicht auch die laute Äußerung von Argumenten, die zuerst als unmoralisch oder sonst unpassend erscheinen mögen und deshalb der inneren oder sozialen „Zensur" anheimfallen könnten. Diese zweite Phase hat gegenüber der ersten Phase eine sortierende und damit auch distanzierende Funktion. Nicht mehr nur das Subjekt als authentische Person äußert sich, sondern das Dilemma wird zur Aufgabe. Die Aufgaben und der Prozess zeigen, dass die Lernenden den Gang der Dinge bestimmen und nicht etwa der/die Lehrende durch inhaltliche Vorgaben und Steuerungen.

Häufig wird das Instrument nach Kohlberg erst in der dritten Phase eingesetzt werden. In der dritten Phase werden auf einer Meta-Ebene die vorher formulierten Argumente analysiert (es könnte gefragt werden, ob das Handeln von Daschner tatsächlich gegen einen Paragraphen im Strafgesetzbuch verstößt) und bewertet (Welches Argument ist für uns und unser Zusammenleben unverzichtbar und überzeugend? Wie stehen die Argumente zueinander?). (May erwähnt folgende Varianten für Verfahren: Erstellung von Argumentelisten, Reihum-Begründungen, Unterrichtsgespräch, Zuordnung von Argumenten zu Kohlbergs Stufenabfolge. Für diese Zuordnung hat Fischer 2011 das Manual „Moralstufenanalyse" für die selbständige und kooperative Arbeit der Lernenden entwickelt.)

Die unterschiedlichen Argumente sind alle sehr ernst zu nehmen. Auch Argumente mit dem Bezug des Eigeninteresses sind legitim und gut nachvollziehbar. Das Mitleid mit dem Opfer und seinen Angehörigen ist unmittelbares Mitfühlen, das in den abstrakteren Stufen „aufgehoben" wird. Das Dilemma wird immer deutlicher und auswegloser, schnelle Urteile werden unmöglich. Dabei geht es natürlich nie um die Einstufung von Personen in der Lerngruppe (wie dies bei Kohlbergs Forschungen der Fall war), sondern es geht um die begründete Reflexion auf Argumente. Lernende springen, so zeigen viele Beobachtungen, zwischen den Stufen hin und her, so dass sich auch kognitive Konflikte als Lernanstöße ergeben. Sie probieren Argumente aus, was durch die Lebensferne des Unterrichts ermöglicht wird.

Die vierte Phase stellt das ethisch-moralische Dilemma einer Person, das in den Phasen vorher schon zum Dilemma einer sozialen Diskursgemeinschaft, nämlich der Lerngruppe, geworden war, in einen gesamtgesellschaftlich-politischen Kontext. Hier sind viele Ansatzpunkte möglich. May schlägt vor (S. 185, hier verkürzt):

- Welche Folgen und Nebenfolgen hätte die von uns geteilte Idee zur Regelung? (Gesinnungs- und Verantwortungsethik)
- Welche Rahmenbedingungen haben das Dilemma herbeigeführt?
- Wie ist die rechtliche Lage? Andere „Lösung" durch Recht?
- Sind unsere Regelungswünsche politisch durchsetzbar?
- Gibt es alternative „Lösungen" (Folgen und Nebenfolgen)?
- Gibt es Wege zur Vermeidung/Umgehung des Dilemmas?

Für den Fall Daschner hat Goll (2007) verschiedene rechtliche und politische Aspekte auch historischer und internationaler Reichweite hervorgehoben. Ich erwähne hier nur einige eigene Erfahrungen im Umgang mit dem Dilemma, ohne dass dadurch mögliche Verläufe von Diskussionen eingegrenzt werden sollen.

Das Urteil des Frankfurter Landgerichts erschien einer Lerngruppe – entgegen ihren spontanen Stellungnahmen in der Phase der Konfrontation – als nachvollziehbar. Ein Gesetz muss viele mögliche andere Fälle und Konsequenzen mit bedenken und das Folterverbot folgt dem Gebot der Menschenwürde als unbestritten normativ höchstrangigem Wert. Das bedeutet nicht die Lösung des Dilemmas und es bedeutet auch nicht Einstimmigkeit der Entscheidung in der Gruppe. Aber jede Entscheidung ist, auch gegen die eigene Überzeugung, verstehbar, kann also toleriert werden. Diese substanzielle Toleranz (Becker 1997) ist für Demokratie wesentlich. Im Falle Daschner könnte die Reflexion auf die Urteilsgründe eine Unterscheidung der Perspektiven ermöglichen: Vielleicht würden manche Diskutanten nach wie vor die Entscheidung des Polizisten persönlich billigen und teilen, würden aber zugleich als (simulierter) Gesetzgeber das strafrechtliche Folterverbot beibehalten wollen. Die Phase der Politisierung würde diesen Unterschied der Akteurs-Perspektiven betonen und damit die Beziehung zwischen Individuum und Staat thematisieren.

6 Fazit

Starke Gefühle wie Empörung oder auch Mitleid leiten häufig spontane moralische Urteile. Sie sehen nicht nach rechts und links und geben klare Antworten: etwas ist gerecht oder ungerecht und fordert zur Stellungnahme und zum Widerstand heraus. So ehrenwert und so unvermeidbar solche Gefühle auch sind, sie bedürfen der Einbettung in unterschiedliche Perspektiven und Kontexte und der Befragung ihrer moralischen und politischen Rechtfertigung. Emotionalität und Rationalität brauchen einander. Politische Bildung kann mit der Dilemma-Methode die Verschränkung von persönlich-ethischem Urteilen und politischem Urteilen fördern, da sie von der Person ausgeht und über moralische Dilemmata in die rationale politische Auseinandersetzung führt. Distanzierende und reflexive Verfahren helfen den lernenden Subjekten, sich selbst und andere, Institutionen und deren Aufgaben (und auch unlösbare Aufgaben wie moralische Dilemmata) zu verstehen.

Literatur

Becker, Werner. 1997. Toleranz: Grundwert der Demokratie? In *Ethik und Sozialwissenschaften* 8 (4): 413–423.
Breit, Gotthard. 1991. Fühlen und Denken im politischen Unterricht. In *Rationalität und Emotionalität in der politischen Bildung.* hrsg. S. Schiele und H. Schneider, 58–78. Stuttgart: Metzlersche Verlagsbuchhandlung.
Fischer, Christian. 2011. Die Moralstufenanalyse als Instrument – am Beispiel Rechtsextremismus. *Gesellschaft – Wirtschaft – Politik* 60 (2): 255–266. (Aufsatz und Materialien in Didaktischer Koffer – http://www.zsb.uni-halle.de/archiv/didaktischer-koffer, darin Unterrichtsreihen)
Frankfurter Allgemeine Zeitung. 21.2.2004, 3. *„Ein Riegel vor jegliche Versuchung".* Reinhard Müller.
Frankfurter Allgemeine Zeitung. 15.2.2008, 35. *Foltern aus Höflichkeit?* Patrick Bahners
van den Daele, Wolfgang. 2001. Von moralischer Kommunikation zur Kommunikation über Moral. *Zeitschrift für Soziologie* 30 (1): 4–22.
Goll, Thomas. 2007. Ein bisschen Folter? In *Praxis Politik* 3 (2): 56–57.
Habermas, Jürgen. 1992. *Faktizität und Geltung.* Frankfurt am Main: Suhrkamp.
Hessel, Stéphane. 2011. *Empört Euch!* Berlin: Ullstein.
Kant, Immanuel. 1999. Beantwortung der Frage: Was ist Aufklärung? In *Immanuel Kant: Was ist Aufklärung?* hrsg. Horst D. Brandt, 20–27. Hamburg: Meiner (zuerst 1784).
Kohlberg, Lawrence. 1995. Moralische Entwicklung. In *Die Psychologie der Moralentwicklung.* Hrsg. Wolfgang Althof, Gil Noam und Fritz Oser, 7–40. Frankfurt am Main: Suhrkamp (zuerst 1968).
Kultusminister des Landes Nordrhein-Westfalen. 1973. *Richtlinien für den Politischen Unterricht.* Düsseldorf und Stuttgart: Hagemann und Klett Verlage.
May, Michael. 2013. Der werteorientierte Ansatz. In *Handbuch Dimensionen und Ansätze in der politischen Bildung.* hrsg. Carl Deichmann und Christian K. Tischner, 175–187. Schwalbach/Ts.: Wochenschau.
Reinhardt, Sibylle. 1999. *Werte-Bildung und politische Bildung.* Opladen: Leske + Budrich.
Reinhardt, Sibylle. 2000. Bildung zur Solidarität. In *Werte in der politischen Bildung.* hrsg. Gotthard Breit und Siegfried Schiele, 288–302. Schwalbach/Ts.: Wochenschau Verlag.
Reinhardt, Sibylle. 2008. Werte in die politische Bildung! Aber wie? In *Gesellschaft – Wirtschaft – Politik* 57 (2): 277–288.
Reinhardt, Sibylle. 2012. *Politik-Didaktik.* Berlin: Cornelsen Verlag. (4. überarbeitete Neuauflage, zuerst 2005).
Reinhardt, Sibylle. 2013. Politische Bildung durch Empörung? Werte und Institutionen gehören zusammen! Das Dilemma der Beschneidung von Jungen als Beispiel. In *Die Erstbegegnung mit dem Politischen.* hrsg. Marcus Syring und Erik Flügge, 44–70. Immenhausen: Prolog Verlag.

Reinhardt, Sibylle. 2014. Werteorientierte Demokratiepolitik. In *Demokratiepolitik*. hrsg. Hans-Peter Bartels, Werner Friedrichs und Dirk Lange (in Vorbereitung). Wiesbaden: VS Verlag.

Schaal, Gary S. und Felix Heidenreich. 2013. Zur Rolle von Emotionen in der Demokratie. *Aus Politik und Zeitgeschichte* 63 (32-33): 3–11.

Schiele, Siegfried/Schneider, Herbert (Hg.). 1991. *Rationalität und Emotionalität in der politischen Bildung*. Stuttgart: Metzler.

Sutor, Bernhard. 1991. Zwischen Mentalitäten und Stimmungen – Aufgaben und Grenzen politischer Bildung. In *Rationalität und Emotionalität in der politischen Bildung*. hrsg. Siegfried Schiele und Herbert Schneider, 155–171. Stuttgart: Metzler.

Tagesspiegel. 28. 9. 2012. *Ethikrat: Ärzte wollen Klarheit bei Sterbehilfe*. Adelheid Müller-Lissner.

Thomé, Helmut. 2005. Wertewandel in Europa aus der Sicht der empirischen Sozialforschung. In *Die kulturellen Werte Europas*. hrsg. Hans Joas und Klaus Wiegandt, 386–443. Frankfurt am Main: Fischer Taschenbuch. (2. Auflage)

Welzel, Christian. 2009. Werte- und Wertewandelforschung. In *Politische Soziologie*. hrsg. Viktoria Kaina und Andrea Römmele, 109–139. Wiesbaden: VS-Verlag.

„Doing Identity" statt Integration?
Postnationale Narrationen des Selbst
als Gegenstand politischer Ethik und
Aufgabe hermeneutischer Bildungsforschung

Andreas Eis

1 Einführung

Politische Bildung als Praxis menschlichen Handelns zielt auf eine erfolgreiche Verschränkung von politischer Subjektivierung und sozialer Teilhabe sowie politischen Gestaltungschancen. Der Ansatz hermeneutischer Politikdidaktik untersucht die dazu erforderlichen Voraussetzungen für die Aneignung von Deutungskompetenz zum Verstehen symbolischer Ordnungen und deren normativer Begründungswege (Deichmann 2013). Lernprozesse sind als Selbst- und Weltverstehen durch eine relationale, dialogische Struktur gekennzeichnet, deren historisch-politischer Kontext sich in besonderer Weise durch einen narrativen Zugang erschließen lässt (Juchler 2013). Die Reflexion der eigenen politischen Selbstbildung wird erst vor dem Hintergrund des Sinnverstehens normativer und kultureller Positionierungen und deren konflikthafter historischer Genese möglich. Der folgende Beitrag fragt nach den Möglichkeiten hermeneutischer politischer Bildung bei der Analyse von Zugehörigkeitsverhältnissen und dem verstehenden Mitgestalten normativer Ordnungen als Dominanz- und Anerkennungskulturen in der Migrationsgesellschaft.

Bildungsforschung und *Diversity Studies* widmen sich zunehmend den Phänomenen multipler Identitätskonstruktionen und „prekärer Verhältnisse" von „(Mehrfach-)Zugehörigkeit" (Mecheril 2003). Einige Forscher/-innen versuchen das problematische Konzept der Identität gänzlich zu meiden. Die Zugehörigkeit zu einer sozialen Gruppe als „kollektive Identität" zu beschreiben, schaffe zuschreibende und ausschließende Zuordnungen, die den Mechanismen spätmoderner Subjektivierung kaum gerecht werden (Reckwitz 2010). Identitäts*politik* äußert sich nicht selten in Formen nationaler oder kultureller Ausgrenzungen (Sen 2010). So beschreibt Bade (2013) Praktiken „negativer Integration", wenn die dominante Mehrheitsgesellschaft in Diskursen ihrer Selbstvergewisserung – wie z. B. in der

Sarrazin-Debatte – große Minderheiten ausgrenzt. Auch Heitmeyer analysiert seit Jahren Formen gruppenbezogener Menschenfeindlichkeit als Kennzeichen „sozialer Desintegration" (2009, S. 22 ff.), die sich auch in breiten Bevölkerungsgruppen der Mittelschicht manifestiere (vgl. Fischer 2013). Desintegrative Identitätspolitik findet nicht zuletzt ihren Ausdruck in Wahlkampfslogans wie „Kinder statt Inder" oder bei der Stigmatisierung südeuropäischer „Armutsmigranten" („Wer betrügt, der fliegt"). Über wen sprechen wir eigentlich, wenn es um „Integrationsverweigerung" geht?

Integrations- und Identitätskonzepte sind notwendigerweise auch mit neuen Formen der Abgrenzung und Ausschließung verbunden. Im Folgenden soll der Beitrag der hermeneutischen Politikdidaktik für eine postnationale, offene und prozessorientierte Neudefinition politischer Zugehörigkeiten erörtert und entsprechende Zugänge politischer Identitätsarbeit, verstanden als reflexive Praktiken der Subjektivierung, aufgezeigt werden. Eine diversitätsreflexive politische Bildung setzt den Ansprüchen „großer Erzählungen" kollektiver Einheitsvorstellungen das Konzept des „doing identity" entgegen, das Richter bereits 2004 im Kontext europabezogener Bildung vorgeschlagen hat. Nicht nur kulturelle, auch politische Zugehörigkeiten existieren für das spätmoderne Subjekt im Plural, sie entziehen sich dem binären Denken von Identität und Nicht-Identität. *Doing Identity* gestaltet sich vielmehr als *dynamische, fragmentierte Bürgerschaftspraxis* (Wiener 2007), Menschen sind gleichzeitig EU-Bürger, Landes- und Bundesbürger, viele Jugendliche haben zwei Staatsbürgerschaften. Gelungene politische Identitätsbildungen basieren gleichwohl nicht allein auf der rechtlichen Ausgestaltung der Staatsangehörigkeit. Zugehörigkeiten werden von Menschen in Handlungsräumen mit unterschiedlichen Lebenschancen, Rechten und Verantwortlichkeiten gelebt und in dynamischen Selbstbildern verdichtet. Dabei weisen die Bilder und Erzählungen des „flexiblen Menschen" häufig keine geschlossene Kernnarration mehr auf, was Sennett in seiner Studie *The Corrosion of Character* (1998) mit dem Begriff der „Drift" beschrieben hat: gerade in der flexiblen und prekären Arbeitswelt des „neuen Kapitalismus" zerfalle die persönliche Erfahrung von Kontinuität und Kohärenz (ebd., S. 15).

Trotz erster migrationspolitischer Forschungsarbeiten[1] wurde bislang in normativer wie in empirischer Hinsicht der Einfluss von Deutschen mit Migrationshintergrund auf das demokratische Selbstverständnis der Mehrheits- und Gesamtgesellschaft fachdidaktisch kaum untersucht (vgl. Achour 2012). Wie weit trägt die These und Forderung deutscher Postmigranten „Deutschland erfindet

---

1   Einige Forschungsarbeiten widmen sich Schülervorstellungen zu Integration sowie den Möglichkeitsräumen und Engagementkulturen von Migrant/-innen (Lutter 2011; Gessner 2012; Munsch 2010; Georgi/Ohliger 2009).

sich neu" (Sezgin 2011) und welchen Anteil nimmt politische Bildung an diesen Deutungskonflikten um kollektive Narrationen? – Das Problemfeld soll hier in drei Schritten entfaltet werden: (1) Demokratietheoretisch stellt sich die Frage immer wieder neu: Wer gehört auf welche Weise zur politischen Gemeinschaft, zum *Demos*? Wer mit welchen Rechten und Pflichten dazu gehört, wird konfliktreich erstritten und in offenen Gesellschaften immer wieder neu ausgehandelt (Benhabib 2008). Diese Selbstdefinitionen und Abgrenzungsprozesse gilt es als Lernproblematik der Subjekte offen zu legen und vor dem Hintergrund ihrer biographischen Selbstdeutungen zu reflektieren. (2) In einem zweiten Schritt werden die Konzepte – oder auch Illusionen – sozialer Einheit und universeller Staatsbürgerschaft infrage gestellt. Politische Zugehörigkeit kann nicht mehr ausschließlich in nationalstaatlichen Kategorien definiert werden. Bürgerschaftspraxis erfordert vielmehr neue Legitimationswege, sowohl jenseits als auch unterhalb der staatlichen Ebene. (3) Abschließend soll die zentrale Rolle politischer Bildung bei der Reproduktion oder der Neudefinition demokratischer Zugehörigkeit diskutiert werden, insofern politische Bildung selbst immer auch Teil dieser gesellschaftlichen Deutungs- und Aushandlungsprozesse ist. Aufgabe hermeneutischer Politikdidaktik ist es, Jugendliche vor dem Hintergrund gesellschaftlicher Deutungskonflikte zur diversitätsreflexiven Identitätsarbeit im Sinne eines *doing identity* zu befähigen.

2 Wer ist das Volk – Wer sind die anderen?

Zugehörigkeit als „kollektive Identität" zu beschreiben, schafft häufig mehr Verwirrung als Klarheit. Welche Art von Bürgeridentität haben die seit 20 Jahren in Deutschland lebenden schweizerisch-ghanaischen Eltern, deren erwachsene Kinder sich für die deutsche Staatsbürgerschaft entscheiden? Und welche politische Identität praktizieren deutsche Migranten, die als Unionsbürgerinnen auf Mallorca für ein Bürgermeisteramt kandidieren? – Kollektive Selbstbilder werden nicht nur in den Bezugsfächern gesellschaftswissenschaftlicher Bildung reproduziert. Inwiefern sind aber kulturelle und politische Narrationen, die bereits in früher Kindheit als Teil der eigenen biografischen Erzählung verinnerlicht werden, durch institutionelle Lernprozesse überhaupt re- und dekonstruierbar? Politische Mündigkeit und Zugehörigkeiten sind zweifellos keine Attribute, die dem Subjekt einfach zugesprochen oder Schüler/-innen „vermittelt" werden können (Abb. 2.1).

Personale Identität ist ein anhaltender Reflexions- und hermeneutischer Interpretationsprozess: die Entfaltung von Authentizität und Sinnhaftigkeit der eigenen Lebensgeschichte (Giddens 1991, S. 54; Kraus 2000) – und damit auch die Voraussetzung für die Fähigkeiten zur politischen Selbst- und Mitbestimmung (Deich-

Abbildung 2.1 Postkartenaktion „Radikal gegen Leitkultur"

© JungdemokratInnen/Junge Linke Berlin

mann 2004, S. 97 ff.). Partizipationsfähigkeit setzt in ihrer praktischen Realisierung biographische und systemische Passungen voraus.[2] Zugehörigkeitsbeziehungen entwickeln sich in Dominanz- und Minderheitenkulturen, beeinflusst von Statuspositionen und Kämpfen um Anerkennung (Abb. 2.1; vgl. Munsch 2010, S. 40 ff., 71 ff.; Fraser/Honneth 2003).

Fachdidaktisch gilt es zu klären, wie Gruppenidentitäten in der Alltagswelt erfahren und welche Inklusions- und Exklusionsmechanismen in der eigenen Identitätsarbeit wirksam werden. Wie können verinnerlichte Praktiken politischer Subjektivierung in Lernprozessen reflexiv werden?

Die Selbstbilder der deutschen Gesellschaft haben sich in den vergangen Jahrzehnten durch einschneidende Entwicklungen verändert (Abb. 2.2). 1990 wurden 17 Millionen Menschen plötzlich Bundesbürger, die in einem autokratischen Einparteiensystem sozialisiert wurden. Sie mussten nicht mehr, wie noch Hunderttausende vor der Maueröffnung, ihre Entlassung aus der Staatsbürgerschaft der DDR beantragen, für den Fall, dass ihnen dieser Antrag nach Jahren der Wartezeit und Drangsalisierung möglicherweise bewilligt wurde.

Circa jeder fünfte Einwohner in Deutschland hat heute einen sogenannten Migrationshintergrund. Dabei werden die *realen* Migrations- und Transformationserfahrungen von Millionen ehemaliger DDR-Bürger statistisch nicht als „Migrationshintergrund" berücksichtigt, was jedoch keineswegs abwegig wäre (vgl. Lange 2009; S. 164). Die immer wieder sinnentstellend verkürzte Aussage: „Jetzt wächst zusammen, was zusammen gehört", wurde zu einem Leitmotiv und Mythos der deutsch-deutschen Vereinigung.[3] Willi Brandt formulierte diesen Gedanken am 4. Oktober 1990 im Bundestag jedoch nicht als zeithistorische

---

2 Munsch (2010) hat dies in der Auswertung von ethnographischen Studien zum politischen Engagement unter Bedingungen sozialer Ungleichheit sehr anschaulich gezeigt, etwa am Beispiel von ethnischen Eltern- und Kulturvereinen, Rap-Musik oder informellen Netzwerken von Arbeitsmigrant/-innen.
3 Willy Brandt sprach am 10. November 1989 vor dem Schöneberger Rathaus in seiner Rede zum Mauerfall u. a. darüber, „dass die Teile Europas wieder zusammenwachsen" (Brandt 1989, 35 f.). Rother rekonstruiert, wie im Nachhinein die Aussage über die zusammenwach-

Prozessbeschreibung, sondern als einen Bedingungssatz für unterschiedliche Entwicklungsoptionen: „Aber mit Takt und Respekt vor dem Selbstwertgefühl der bisher von uns getrennten Landsleute wird es möglich sein, dass ohne entstellende Narben zusammen wächst, was zusammengehört" (Plenarprotokoll 11/228, 18029 C).

Abbildung 2.2   Wir waren das Volk

© Bezirksamt Mitte von Berlin,
Foto: Gerhard Zwickert

Die tatsächliche Integration der ostdeutschen Bevölkerung in den Geltungsbereich des Grundgesetzes ist hingegen keineswegs ohne „entstellende Narben" erfolgt (Abb. 2.3). Davon zeugen nicht nur die Etablierung der Rechtsextremisten v. a. in den neuen Bundesländern, rassistische Übergriffe und Pogrome gegen Asylsuchende in den 1990er Jahren sowie der Rechtsterrorismus des Nationalsozialistischen Untergrunds, sondern auch die ernüchternden Studien von Heitmeyer (2009/2012) oder auch die Ergebnisse der Studie zum historischen Wissen von Schüler/-innen und deren Beurteilung des DDR-Regimes (Deutz-Schroeder/ Schroeder 2008). Heitmeyer untersucht unterschiedliche Dimensionen sozialer Desintegration, wie z. B. die „wahrgenommenen sozialen Benachteiligungen", Politikdistanz, „Demokratieentleerung" und die verschiedenen Formen „gruppenspezifischer Menschenfeindlichkeit" (Heitmeyer 2009, S. 22 ff.). Viele Indikatoren sind in den neuen Bundesländern deutlich stärker ausgeprägt als in den alten. (Ähnliches gilt für strukturschwache gegenüber prosperierenden Regionen.) Ein Vergleich der Indikatoren sozialer Desintegration zwischen den Deutschen der neuen Bundesländer und den neuen Deutschen der üblicherweise ausgewiesenen Gruppen mit Migrationshintergrund steht gleichwohl noch aus (vgl. Müssig/Worbs 2012).

Trotz Einbürgerungskampagnen (Abb. 2.4) und Integrationsprogrammen sind die Selbstbilder der Deutschen auch über ein Jahrzehnt nach der Änderung des Staatsangehörigkeitsrechts immer noch stark vom Abstammungsprinzip und Forderungen nach einer deutschen Leitkultur geprägt: „Wir wollen keine Alibi-Ausländer für irgendjemand sein. Wir wollen nicht ewig Migranten bleiben und einen

---

senden Teile Deutschlands, die in der Rede vom 10.11.1989 so nie gefallen ist, als „Leitmotiv der Einigung" der Schöneberger Rede zugeschrieben wurde (Rother 2001, 26 ff.).

Abbildung 2.3 Adbusting der Verdi-Jugend zur Wahlwerbung der NPD in Sachsen: „Wir sind das Volk"

© Verdi-Jugend Dresden

Migrationshintergrund haben bis ins siebte Glied. Wir sind neue Deutsche."[4] – Während empirische Studien einerseits wachsende Integrationserfolge von Einwanderergruppen belegen (z. B. Sauer/Halm 2009; BAMF 2012), zeigt sich gerade in Zeiten anhaltender Wirtschaftskrise eine Verfestigung von Ausgrenzungen und struktureller Diskriminierung (Zick/Küpper/Hövermann 2011; Heitmeyer 2012). Bedrohungsängste vor Überfremdung finden weiterhin in Debatten über vermeintliche „Integrationsverweigerer" ihren Ausdruck. Gleichwohl werden Integrationskurse und Einbürgerungstests in der Regel nicht nur sehr erfolgreich belegt, sondern auch stärker nachgefragt als sie in den vergangenen Jahren angeboten wurden (vgl. BAMF 2010). Inwiefern durch die Vermittlung und Überprüfung historischer Fakten und politischen Institutionenwissens Gefühle der Zugehörigkeit, Loyalität und Solidarität entwickelt werden, muss dabei äußerst fraglich bleiben. Hingegen dokumentieren in Deutschland lebende Kulturschaffende, wie sie aufgrund der Herkunft ihrer Vorfahren und durch willkürliche Zuschreibungen zu *Fremden gemacht,* wie sie als *Deutsche* „abgeschafft" werden:[5] „Auch zum Muslim wird man gemacht. Egal, ob man will, egal, was man gelernt hat. Wenn

---

4   Badr Mohammed, Mitglied der Berliner CDU und der ersten Islamkonferenz, während er zur Fußball WM 2010 die wohl größte deutsche Fahne der Republik in Berlin Neukölln gegen Übergriffe durch das links-autonome „Kommando Kevin-Prince Boateng Berlin Ost" bewacht (zit. nach Lau 2010), vgl. Abb. 3.1.
5   In dem von Sezgin hrsg. Band: „Manifest der Vielen. Deutschland erfindet sich neu" schreiben 29 Autorinnen aus Kultur, Wissenschaft und Medien „über ihr Leben in Deutschland, über Heimat und Fremde, über ihr Muslim- oder Nicht-Muslim-Sein anlässlich der Debatte um Sarrazin und die Folgen" (Sezgin 2011b, S. 2).

Abbildung 2.4 Einbürgerungskampagnen 2008: „100 Prozent zuhause" in NRW

© Landesregierung NRW

man einen bestimmten Teint hat, eine *typische* Nase, einen *einschlägigen* Namen, Eltern aus einem der verdächtigen Länder. Von einem Prozess der Ethnisierung sprechen Soziologen: Eine ursprünglich religiöse Kategorie wird zur ethnischen Beschreibung. Ich nenne es: Muslimifizierung. [...] Für eine steigende Zahl anderer Deutscher sind Muslime nie Teil des gemeinsamen Wir, sondern immer die anderen. *Sie* machen *uns* zu *denen*" (Sezgin 2011a, S. 48 f., Herv. i. Orig.).

3 Abschied vom Mythos sozialer Einheit und universeller Staatsbürgerschaft

Mit der Bezugnahme auf Bürgerleitbilder und der Ausdifferenzierung von Leitzielen und Kompetenzen politischer Bildung (Mündigkeit, Partizipationsfähigkeit etc.) ist fachdidaktische Forschung und politische Bildung immer auch Teil des demokratischen Selbstverständigungsdiskurses. Welchen Beitrag leisten sie zur postnationalen Neudefinition sozialer Zugehörigkeit? Der Universalisierungsanspruch des modernen Modells nationaler Staatsbürgerschaft wird sowohl „von oben" (vom globalen Marktbürger, dem EU-Bürger oder dem kosmopolitischen *Global Citizen*) als auch „von unten" durch Regionalismus, Separatismus und die Berücksichtigung von Sonderrechten zur Wahrung kollektiver Identitäten in Frage gestellt. Beide Tendenzen sind funktional miteinander verknüpft, da die zunehmende Ausdifferenzierung und Emanzipation sozialer Gruppen nicht zuletzt eine Konsequenz offener Gesellschaften ist, deren Sozialstruktur und institutionelle Regulierungsformen durch den transnationalen Austausch von Ideen sowie einer zunehmenden Vernetzung in wirtschaftlicher, kultureller und politischer Hinsicht geprägt werden.

Soziologen diagnostizieren zu Beginn des 21. Jahrhunderts gleichwohl eine nachhaltige „Krise des Sozialen" (Lessenich 2009). Mit dem Konzept der Gesellschaft als einer „Erfindung" des 19. Jahrhunderts verband sich die Vorstellung *kollektiver Verantwortlichkeit* als Ersatz für die Auflösung traditioneller Bindungen. Gesellschaft wurde „zur sozial konstruierten und das Soziale stabilisierenden (Bewusstseins-)Tatsache" (Lessenich/Nullmeier 2006, S. 9). Sie ist gekoppelt an die Vorstellung einer *Identität* von Volk, Kultur und Nationalstaat. In prosperierenden Wohlfahrtsstaaten entwickelte sich bis in die 1970er Jahre ein „kulturell relativ homogenisiertes und sozial integriertes Gemeinwesen" (ebd.). Als soziales Selbstbild dominierte die von Konflikten zunehmend entschärfte Mittelschichtsgesellschaft, die ein hohes Maß an Zusammenhalt anstrebte und Phänomene sozialer Ausgrenzungen zu beseitigen suchte. Mit dem Übergang zum 21. Jahrhundert scheinen die westlichen Sozialstaaten – unter Verweis auf demografische Entwicklungen und globale ökonomische Zwänge – jedoch eine „Neuerfindung" des Sozialen einzufordern. Dabei werde, so Lessenich, die Verantwortung zunehmend zurück auf die einzelnen Subjekte und privaten Akteure verlagert. Einer neuen Gesellschaftsformation, der selbstregulierenden „Aktivgesellschaft", werde der Weg bereitet (2009, S. 29). Für eine stetig steigende Zahl von Menschen bedeutet dies jedoch den Abschied von der Vorstellung oder Illusion der umfassenden Integrationsfähigkeit einer inkludierenden Gesellschaft (Lessenich/Nullmeier 2006, S. 10). Das Modell der nationalen Leistungs- und Solidargemeinschaft war und bleibt vermutlich auch weiterhin das vorherrschende Konzept der *Mehrheitsgesellschaft*. Das „politisch-kulturelle Konstrukt der Nationalgesellschaft [dient] nach wie vor als Rahmen bedeutsamer materieller und symbolischer Berechtigungs-, Verteilungs- und Umverteilungsprozesse" (ebd., S. 11). Gleichzeitig verschieben und verwischen sich jedoch immer stärker die Grenzen der gesellschaftlichen Einheiten, der politischen Entscheidungsebenen und der sozialen Inklusionschancen (Eis 2013).

Bereits Ernest Renan definierte 1882 die Nation als eine Willensgemeinschaft, als ein „plébiscite de tous les jours", also als permanente Willenserklärung. Die Existenz der nationalen Solidargemeinschaft lässt sich nicht allein auf eine gemeinsame Geschichte, Sprache, Kultur – oder was auch immer – gründen und verewigen.[6] Dabei verwies Renan gleichzeitig auf eine mögliche Auflösung der Nationalstaaten in einer europäischen Gemeinschaft.

---

6 „Die Nation ist also eine große Solidargemeinschaft, getragen von dem Gefühl der Opfer, die man gebracht hat, und der Opfer, die man noch zu bringen gewillt ist. Sie setzt eine Vergangenheit voraus, aber trotzdem faßt sie sich in der Gegenwart in einem greifbaren Faktum

Auch wenn heute allenfalls von einer Transformation, aber noch nicht von einer Auflösung der Nationalstaaten die Rede sein kann, deutet Renan mit dieser Definition bereits an, inwiefern sich eine politische Bürgerschaft als *dynamische Deliberationsgemeinschaft* legitimiert und die Bedingungen der Teilnahme am Selbstverständigungsdiskurs immer wieder neu klären muss. Die in Istanbul geborene, jüdisch-amerikanische Philosophin Seyla Benhabib bezeichnet diese permanenten Verhandlungen auf lokaler, nationaler und globaler Ebene als „demokratische Iterationen" (Benhabib 2008, S. 176). Wenn Demokratie als kollektive Selbstbestimmung verstanden und ernst genommen wird, dann verschieben sich eine Reihe von Grenzen hinsichtlich der Frage, wer von welchen politischen Problemen betroffen ist und wer folglich auch an deren kollektiver Regelung beteiligt werden sollte. „Demokratische Iterationen sind [...] rechtliche, kulturelle und politische Debatten, in denen überkommene Normen, Begriffe und Rechtsauffassungen kritisiert und verteidigt, zitiert und variiert werden. Dabei ändern sich nicht nur etablierte Auffassungen, sondern auch die geltenden Interpretationen maßgeblicher Normen" (ebd., S. 177). Benhabib greift mit dem Begriff der Iteration (also der diskursiven *Wiederholung*) den Gedanken der Dekonstruktion aus der Sprachphilosophie Wittgensteins und Derridas auf. Demnach haben Begriffe grundsätzlich keine „originären", unwandelbaren Bedeutungen. Jede Wiederholung schaffe eine neue, je eigene Bedeutung in einem aktuellen Verwendungskontext.

Empirische Studien, z. B. der Berliner Politologin Naika Foroutan, zeigen, inwiefern postnationale, hybride Identitätsmodelle längst auf vielfältige Weise praktiziert werden: „Wo Migration auch mit *settlement* verbunden wird, wandelt sich die Bevölkerungsstruktur – nicht nur demografisch und soziostrukturell, sondern auch identitär und ideell. [...] Denkbar wäre es daher, die ‚Neuen Deutschen' einer Ideenwelt zuzuordnen – einer Betrachtungsweise, die mit einem neuen Blickwinkel einhergeht: Deutschland als Einwanderungsland, *global player*, politisch normativer Friedensakteur. Das postmoderne Deutschland als plurales, multiethnisches, vielfältiges Bürgerland. In diesem Sinne wären die ‚Neuen Deutschen' die Bürger eines hybriden, neuen Deutschlands, das es in seiner heterogenen Komposition schon längst gibt." (Foroutan 2010, S. 10 u. S. 13; Herv. i. Orig.; vgl. Abb. 3.1)

---

zusammen: der Übereinkunft, dem deutlich ausgesprochenen Wunsch, das gemeinsame Leben fortzusetzen. Das Dasein einer Nation ist – erlauben Sie mir dieses Bild – ein tägliches Plebiszit, wie das Dasein des einzelnen eine andauernde Behauptung des Lebens ist. [...] Die Nationen sind nichts Ewiges. Sie haben einmal angefangen, sie werden enden. Die europäische Konföderation wird sie wahrscheinlich ablösen." (Renan 1882, zit. nach: Jeismann/Ritter 1993, S. 308 f.)

Abbildung 3.1 Nachtwache an der Sonnenallee

© Jannis Chavakis, DIE ZEIT
„Was deutsch ist, bestimmen wir schon selbst. […] Wer diese Fahne beschädigt, beleidigt mich, meine Familie und Deutschland. […] Deutschland hat uns Sicherheit, Wohlstand und Freiheit gegeben. Wir dürfen das nicht vergessen."
Youssef Bassal, zit. nach: Lau 2010; Abb. 3.1

4 Identitätsarbeit in der diversitätsreflexiven politischen Bildung

Wie kann politische Bildung Jugendliche zu einer diversitätsreflexiven Identitätsarbeit befähigen? Dabei sollte sie nicht nur den rechtlich-politischen Rahmen klären, sondern auch die sozialen und kulturellen Mechanismen von Inklusionen und Exklusionen analytisch zugänglich machen. Das Konzept des *doing identity* verweist auf heterogene Praktiken der Subjektivierung. Personale Identität und politische Zugehörigkeit sind dynamische Konzepte. Sie entwickeln sich als Resultat der sozialen, kognitiven und emotionalen Auseinandersetzung mit unterschiedlichsten Rollenerwartungen, gesellschaftlichen Konfliktsituationen sowie Entfremdungs- und Deprivationserfahrungen (Giddens 1991, S. 201).

Migration wird nach wie vor als das „Nicht-Normale" als „Störung" der funktionierenden „intakten Ganzheit", nicht als selbstverständliches Strukturmerkmal und Teil der *deutschen* Kultur gesehen. „Meine Heimat ist Deutschland, sofern man es meine Heimat sein lässt", erklärt die Journalistin Canan Topçu (2009). Es sind die Einwanderer, die ihre Integrationsfähigkeit in Sprach- und Einbürgerungstests oder mit einem Leistungspunktesystem für eine Arbeits- und Aufenthaltserlaubnis unter Beweis stellen müssen, die sie als wirtschaftlich nützliche und der Dominanzkultur angepasste Subjekte ausweisen. Foroutan verweist zudem auf das erhebliche Spannungsverhältnis zwischen Selbst- und Fremdpositionierung: „Gerade für jenes Drittel der Postmigranten, die vom Mikrozensus als ‚Menschen ohne eigene Migrationserfahrung' erfasst werden, ist Integration ohnehin kein Diskussionskriterium ihrer Selbstbeschreibung. [...] Sie sind längst in dieser Gesellschaft angekommen, zumindest aus ihrer Sicht und aus der Sicht jenes Teils der Bevölkerung, der in Deutschland ein plurales, heterogenes und postmodernes Land sieht" (Foroutan 2010, S. 11). Jedoch werde gerade die „fraglose Zugehörigkeit und somit die Authentizität" vielen Menschen mit Migrationshintergrund verwehrt, die nicht den phänotypischen und dominanten kulturellen Merkmalen der autochthonen Deutschen entsprechen (ebd., S. 12; vgl. Abb. 3.1). Deutsche mit nicht-deutschen und v. a. mit nicht-europäischen Wurzeln fühlen sich aufgefordert, ihre Herkunft *zu erklären* und damit ihre deutsche Zugehörigkeit *zu begründen*, sie gelten nicht als „authentische" Deutsche, auch wenn sie in Deutschland geboren und aufgewachsen sind, erfolgreiche Schul- und Universitätsabschlüsse erworben haben oder ein Landtags- oder Bundestagsmandat bekleiden.

In öffentlichen Debatten wird ebenso wie in vielen Unterrichtsmedien Migration überwiegend nicht als Normalität, „als etwas Sinnvolles, Positives", sondern als Auslöser sozialer Probleme und Konflikte oder bestenfalls als „notwendiges Übel" zur Überbrückung der demografischen Krise und unter Kriterien des volkswirtschaftlichen Nutzens betrachtet (Varela 2009, S. 87). „Ein kritisches Geschichtsbewusstsein gilt als Bestandteil intellektueller Verantwortlichkeit, und so scheint es nur angemessen, ein Einwanderungsgeschichtsbewusstsein zu fordern, das Migration nach Deutschland nicht nur zur Kenntnis nimmt, sondern ihren Einfluss auf die weitere Entwicklung des Landes würdigt" (ebd., S. 82). Varela verweist auf ein „migrationshistorisches Vakuum", das nicht zuletzt auch durch äußerst selektive Thematisierungen und klischeehafte Darstellungen von Migration und Migrant/-innen z. B. in Schulbüchern entstehe und somit das kulturelle Gedächtnis präge.[7]

Doing identity als reflexive Praktiken der Subjektivierung umfasst das Verstehen und Gestalten eigener Lebenswege, Lebensformen, Mehrfachzugehörigkeiten und Anerkennungsverhältnisse. Das Konzept stellt den Menschen als ein geschichtliches Wesen in den Mittelpunkt, der in verschiedene soziale Räume und Zeitstrukturen sowie kulturelle Werteordnungen hineingestellt ist und dennoch frei und eigenverantwortlich sein Leben gestalten kann und muss (Abb. 4.1). Kollektive Zugehörigkeiten konstituieren sich im Spannungsfeld von Fremd- und

---

7 Vgl. zu Repräsentationen der Einwanderungsgesellschaft in Schulbüchern: Lange/Rößler 2012.

Abbildung 4.1 Identität als Patchworking oder Boundary management?

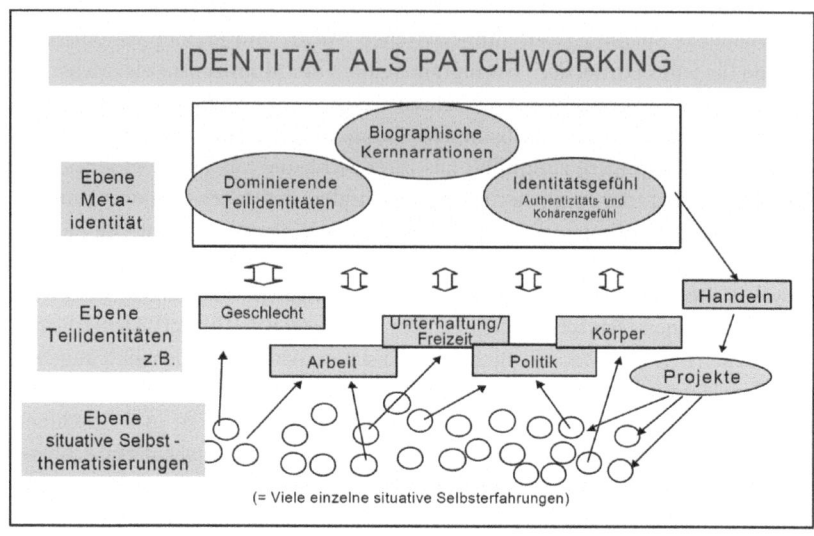

Quelle: Keupp 2003, S. 12

Selbstpositionierungen und damit immer auch von Fremd- und Selbstausschließungen sowie von Kontingenz und (beschränkten) Gestaltungsoptionen. Dabei stehen für die politische Bewusstseinsbildung insbesondere die Fragen nach gleichen Lebens- und Partizipationschancen angesichts ungleicher Voraussetzungen und biographischer Entwicklungen sowie deren gesellschaftlicher Bedingtheit im Mittelpunkt (Munsch 2010). Zudem stellt sich für die politische Bildung die Frage, auf welcher normativen Grundlage politische Gemeinschaften Zugehörigkeit, Gemeinsinn und nicht zuletzt Solidarität und politische Verantwortung für ihre mündigen Bürger/-innen begründen und entwickeln können (Eis 2010, S. 84 ff., S. 153 ff.).

Identitätsarbeit kann *nicht* den Anspruch verfolgen, aus einer Vielfalt von flexiblen Rollen und gebrochenen Lebens-Projekten eine widerspruchsfreie personale Identität als „Patchwork-Identität" zu basteln, die sich lediglich *einer* kollektiven Kernnarration zuordnen ließe (Keupp 2003; Abb. 4.1). Die Fähigkeiten der Subjekte, eine authentische und sinnhafte Lebenserzählung herzustellen, charakterisiert der Sozialpsychologe Heiner Keupp vielmehr als „Boundary management" (ebd., S. 15). In der „fluiden Netzwerk-Gesellschaft" werden die Subjekte beständig mit Grenzkonflikten, prekären Chancen und überschneidenden Solidaritäts- und Loyalitätsansprüchen konfrontiert (ebd., S. 14). Gleichwohl gibt es sehr unterschiedliche Strategien, mit den Anforderungen an den flexiblen Menschen als „Selbst-Manager" umzugehen: es gibt anpassungsfähige „Oberflächengestalter", „pragmatische Ironiker" oder auch „situative Zyniker", die ihr Selbst erfolgreich modellieren und ihre Biographien je nach Kontext (z. B. in Bewerbungssituationen) kreativ anzupassen wissen (Kraus 2006). Sicherlich gibt es auch weiterhin *lineare* Biographien und *geschlossene* Narrationen, in denen Wertekonflikte und biographische Brüche (mehr oder weniger erfolgreich) vermieden werden. *Eine Antwort auf die Kontingenz der Spätmoderne ist das „fundamentalistische Selbst",* also die „Erzählung von den ‚ewigen Wahrheiten menschlicher Existenz'" (Keupp 2002, S. 24), die es zweifellos nicht nur in muslimischen und nicht nur in religiösen Kontexten gibt. Foroutan und Schäfer unterscheiden einen weiteren Typus, den einer radikalisierten „Gegenidentität" (2009, S. 13 f.). Der Verlust von traditioneller Sicherheit und die Erfahrung des Ausgeschlossenseins werden von einer kleinen Gruppe zu einem negativen Selbstbild der Devianz als „Kanake" oder „Gangster" verdichtet: „Hauptsache, man ist kein ‚Opfer'" (ebd.).

Wie können Grenzkonflikte in Lernprozessen und in der Bildungsforschung zugänglich und in demokratische Iterationen als postnationale Selbstverständigungsdiskurse überführt werden? Carla Schelle stellt im Kontext von Entgrenzungs- und Entfremdungserfahrungen die „hermeneutische Kompetenz von Schülerinnen und Schülern in den Rang gleichsam einer Kulturtechnik" (2003, S. 136) und sieht sie als Grundvoraussetzung für politische Urteils- und Handlungsfähigkeit. „Wie kann der Einzelne im Zeitalter von Entgrenzung, Globalisierung, Pluralisierung verankert bleiben, wo kann er seinen Ort (Zuverlässigkeit, Vertrauen, Selbstbewusstsein u. a.) finden, ohne den Boden unter den Füßen zu verlieren? Setzt man nicht eine gleichsam weltbürgerliche Haltung voraus, intellektuelles Vergnügen, während die kulturelle Heterogenität eher als Überforderung erlebt wird und Angst macht?" (ebd., S. 121) Entgrenzungs- und Ausgrenzungserfahrungen verweisen auf die Unabgeschlossenheit von kulturellen und politischen Räumen für die eigene Selbst- und Weltdeutung. Hermeneutische Identitätsarbeit bedeutet, „dass Verflechtung sowie Unabgeschlossenheit unbedingt zur Kenntnis zu nehmen sind, dass Reflexivität die ständige Herausforderung und die einzige Möglichkeit ist, um das eigene private und soziale Leben und politische Zusammenhänge in der Moderne (im Hier und im Dort, wo ich gerade nicht bin) überhaupt begreifbar zu machen bzw. begreifen zu können" (ebd., S. 124). Zur Operationalisierung unterscheidet Schelle vier Dimensionen der hermeneutischen Kompetenz: (1) „Kulturelle Habitusformen deuten lernen (Bourdieu)", (2) „Kulturelle Kontexte deuten lernen (Geertz) und einen ‚Dialog von unten' führen (Giddens)", (3) „Bedeutungen und Abläufen nachgehen, Strukturen durchschauen lernen und stellvertretend für andere deuten (Oevermann)" sowie

(4) „Emotionen lesen lernen (Lorenzer) und innere Dialogfähigkeit (Honneth) gewinnen" (ebd., S. 161 f.). Im Zentrum der Identitätsarbeit steht also nicht nur das Fremdverstehen und der Umgang mit Differenz, sondern auch das Verstehen eigener Grenzerfahrungen und der eingeschränkten Möglichkeiten von Grenzüberschreitungen.[8]

Foroutan und Schäfer verweisen hier wiederum auf die Chancen gelungener hybrider Identitätsbildung. Gerade Menschen, die sich unterschiedlichen kulturellen Räumen zugehörig fühlen, weisen häufig besondere Fähigkeiten auf und könnten als „Vermittler" in neuen Selbstverständigungsdiskursen agieren: „Die Träger hybrider Identitäten sind immer wieder damit konfrontiert, Loyalitäten neu zu verhandeln, Zugehörigkeiten in Frage zu stellen oder Grenzüberschreitungen zu verarbeiten (boundary building). Dies macht sie zu kontextuellen Figuren, deren ‚Zweiheimischkeit' dazu beitragen kann, das Bild des jeweils Anderen besser in die einzelnen Communities und in die Gesamtgesellschaft hineinzutragen. Die ständige Konfrontation mit Unterschiedlichkeit mündet nicht selten in Zusatzqualifikationen, durch welche die Träger hybrider Identitäten im innergesellschaftlichen Wettbewerb in bessere Positionen gelangen könnten als dies derzeit der Fall ist. Ihre Fähigkeiten [... können] als Potential gewertet werden, das sie zu Mittlern, Mediatoren und Verhandlungspartnern befähigt – dort wo es zu Konflikten kommt, die auf unterschiedlichen kulturellen Zugehörigkeiten basieren. Sie können jedoch – wie oben dargelegt – auch zu Persönlichkeitsspaltung und Radikalisierung führen" (Foroutan/Schäfer 2009, S. 17).

Methodische Zugänge zur Identitätsarbeit stellen biographische und ethnographische Ansätze der Hermeneutik, insbesondere die Habitusanalyse dar, die von Helmut Bremer (2004) für die Erwachsenenbildung im Anschluss an Bourdieu ausdifferenziert wurde. Der Zusammenhang von Lebenswegen, Zugehörigkeiten und Gestaltungschancen hängt im hohen Maße von der symbolischen Ordnung und der Ausstattung mit sozialem und kulturellen Ressourcen ab (vgl. Eis 2007/2008; s. o. Anm. 8). In der Habitus-Hermeneutik werden die symbolischen Machtmechanismen zugänglich, die zum Selbst- und Fremdausschluss vieler Bürger/-innen führen. „Die soziale Ordnung in den Köpfen und Körpern" (Bremer 2010, S. 182) entscheidet über die erfolgreiche Teilhabe am öffentlichen Leben oder über den (Selbst-)Ausschluss aus dem „politischen Feld". Politische Zugehörigkeit und Gestaltungschancen werden nicht nur durch äußere institutionelle Strukturen und formale Berechtigungen bestimmt. Die Menschen verinnerlichen die soziale Ordnung im Denken, Wahrnehmen, in Verhaltensmustern

---

8   Unterrichtsbeispiele und Materialien zur Identitätsarbeit und einem diversitätsreflexiven Umgang mit Grenzerfahrungen vgl. im Schulbuchkapitel: „Lebenswege – Lebensformen", Eis 2007/2008.

und in der Sprache. Durch symbolische Herrschaft werden soziale Positionen zugewiesen und Klassifizierungen vorgenommen, soziale Ungleichheit reproduziert. Politische *Zugehörigkeit und Kompetenz* stehen im Bedingungsverhältnis von *Fähigkeiten* und *Befugnis* (Berechtigung), so argumentiert Bremer mit Verweis auf Bourdieu: „Nur der, dem es gesellschaftlich zusteht, neigt dazu, sich diese Sachkompetenz auch anzueignen, weil er als ‚sozial würdig und also als verpflichtet anerkannt ist, diese Kompetenz zu erwerben'" (ebd., S. 186).

Politische Bildung sollte sich an differenzierten Bürgerleitbildern orientieren, die für eine Vielzahl kulturell, religiös oder ethisch begründeter Weltbilder anschlussfähig sind. Eine deutsche oder europäische Leitkultur – im Sinne eines demokratisch legitimierbaren normativen Minimalkonsenses – kann sich sicherlich nicht allein auf eine christlich-jüdische Tradition berufen. Ein übergreifender demokratischer Wertekonsens muss von unterschiedlichen kulturellen, religiösen und philosophischen Standpunkten aus begründbar sein. Diese Begründungswege wiederum müssen in Bildungsgängen nachvollziehbar werden (Achour 2012). Sie sind Teil einer noch zu entwickelnden *diversitätsreflexiven politischen Verfassungskultur* als ein mögliches Alternativkonzept für die umkämpften Begriffe der Leitkultur oder auch des Verfassungs*patriotismus*. Diversitätsreflexive politische Bildung im Sinne des Demokratielernens orientiert sich gleichzeitig immer auch an der Bürgerschaftspraxis, also an den lebensweltlich erfahrenen Anerkennungs-, Konflikt- und Beteiligungskulturen. Dabei müssen die Bedingungen politischer Teilhabe der Bürger/-innen in entgrenzten Demokratien geklärt werden (Eis/Salomon 2014). Politische Bildung muss – insbesondere in außerschulischen Lernprozessen – auch interessenbezogene, *parteiische* Bildung sein, die alternativen Deutungen Raum und benachteiligten Gruppen Zugang zum öffentlichen Leben verschafft. Neue Beteiligungsmodelle und Engagementkulturen – vom Kinder- und Jugendparlament, über Ausländerbeiräte bis hin zur Islamkonferenz und zum örtlichen Moscheeverein – bieten (beschränkte) Möglichkeiten zum Empowerment, also zu einer emanzipatorisch-politischen Selbstbefähigung der Lernenden. Diese Chance kann jedoch nur eingelöst werden, wenn gleichzeitig die begrenzte Wirkmächtigkeit ebenso wie die Schicht- und Bildungsselektivität dieser Instrumente kritisch reflektiert werden.

Literatur

Achour, Sabine. 2012. *Bürger muslimischen Glaubens*. Politische Bildung im Kontext von Migration, Integration und Islam. Schwalbach: Wochenschau.
Bade, Klaus. 2013. *Kritik und Gewalt*. Sarrazin-Debatte, „Islamkritik" und Terror in der Einwanderungsgesellschaft. Schwalbach: Wochenschau.

BAMF (Bundesamt für Migration und Flüchtlinge). 2010. Integrationskursbesuch ab Januar 2011 wieder möglich. In *Migazin*. Migration in Germany, 20.12.2010. http://www.migazin.de/2010/12/20/integrationskursbesuch-ab-januar-2011-wieder-moglich/. Zugegriffen: 5. Dezember 2013.

BAMF (Bundesamt für Migration und Flüchtlinge). 2012. *Integrationsreport*. http://www.bamf.de/DE/Infothek/Informationsservice/Integrationsreport/integrationsreport-update-node.html. Zugegriffen: 5. Dezember 2013

Benhabib, Seyla. 2008. *Die Rechte der Anderen*. Ausländer, Migranten, Bürger. Frankfurt/M.: Suhrkamp.

Brandt, Willy. 1989. Rede am 10. November vor dem Rathaus Schöneberg zu Berlin. In Bundeskanzler-Willy-Brandt-Stiftung 2001, a. a. O., 31–41.

Bremer, Helmut. 2004. *Von der Gruppendiskussion zur Gruppenwerkstatt*. Ein Beitrag zur Methodenentwicklung in der typenbildenden Mentalitäts-, Habitus- und Milieuanalyse. Münster: LIT.

Bremer, Helmut. 2010. Symbolische Macht und politisches Feld. Der Beitrag der Theorie Pierre Bourdieus für die politische Bildung. In *Kritische Politische Bildung*. Ein Handbuch, hrsg. B. Lösch/A. Thimmel. Schwalbach: Wochenschau, 181–192.

Bundeskanzler-Willy-Brandt-Stiftung. Hrsg. 2001. Timothy Garton Ash. *Wächst zusammen, was zusammengehört?* Schriftenreihe Heft 8. Berlin.

Deichmann, Carl. 2004. *Lehrbuch Politikdidaktik*. München/Wien: Oldenbourg.

Deichmann, Carl. 2013. Der symbolzentrierte Ansatz. In Deichmann/Tischner 2013, a. a. O., 240–255.

Deichmann, Carl/Tischner, Christian K. Hrsg. 2013. Handbuch Dimensionen und Ansätze in der politischen Bildung, Schwalbach: Wochenschau.

Deutz-Schroeder, Monika/Schroeder, Klaus. 2008. *Soziales Paradies oder Stasi-Staat?* – Das DDR-Bild von Schülern – ein Ost-West-Vergleich. München: Ernst Vögel.

Eis, Andreas. 2007. Lebenswege – Lebensformen. In *Leben leben 9/10 – Ethik/LER/Werte und Normen*. Arbeitsbuch, hrsg. R. Breun. Stuttgart/Leipzig: Klett, 10–32.

Eis, Andreas. 2008. Lebensweg und Lebensformen. In *Leben leben 9/10*. Lehrerband mit Kopiervorlagen auf CD-ROM, hrsg. R. Breun. Stuttgart/Leipzig: Klett, 6–19.

Eis, Andreas. 2010. *Europäische Bürgerschaftsbildung*. Die Neukonstruktion der Bürgerrolle im europäischen Mehrebenensystem. Schwalbach: Wochenschau.

Eis, Andreas. 2013. Der europabezogene Ansatz: Politische Bildung in entgrenzten Demokratien. In Deichmann/Tischner 2013, a. a. O., 129–144.

Eis, Andreas/Salomon, David. Hrsg. 2014. *Gesellschaftliche Umbrüche gestalten*. Transformationen in der Politischen Bildung. Schwalbach: Wochenschau.

Fischer, Sebastian. 2013. *Rechtsextremismus – Was denken Schüler darüber?* Untersuchung von Schülervorstellungen als Grundlage einer nachhaltigen Bildung. Schwalbach: Wochenschau.

Foroutan, Naika. 2010. Neue Deutsche, Postmigranten und Bindungs-Identitäten. Wer gehört zum neuen Deutschland. In: *APuZ* 46-47, 9–15.

Foroutan, Naika/Schäfer, Isabel. 2009. Hybride Identitäten – muslimische Migrantinnen und Migranten in Deutschland und Europa. In: *APuZ* 5, 11–18.

Fraser, Nancy/Honneth, Axel. 2003. *Umverteilung oder Anerkennung?* Eine politisch-philosophische Kontroverse. Frankfurt/M.: Suhrkamp.

Georgi, Viola B./Ohliger, Rainer. Hrsg. 2009. *Crossover Geschichte*. Historisches Bewusstsein Jugendlicher in der Einwanderungsgesellschaft. Hamburg: Körber-Stiftung.
Gessner, Susann. 2012. Politikunterricht als Entlastungsraum. Perspektiven auf schulische politische Bildung von Jugendlichen mit Migrationshintergrund. In *Unterrichtsleitbilder in der politischen Bildung*, hrsg. I. Juchler. Schwalbach: Wochenschau., 167–178.
Giddens, Anthony. 1991. *Modernity and Self-Identity*. Self and Society in the Late Modern Age. Cambridge: Polity Press.
Heitmeyer, Wilhelm. Hrsg. 2012. *Deutsche Zustände*. Folge 10. Berlin: Suhrkamp.
Heitmeyer, Wilhelm. 2009. Leben wir noch in zwei Gesellschaften? 20 Jahre Vereinigungsprozeß und die Situation Gruppenbezogener Menschenfeindlichkeit. In: *Deutsch-deutsche Zustände*. 20 Jahre nach dem Mauerfall, hrsg. W. Heitmeyer. Frankfurt/M.: Suhrkamp, 13–49.
Juchler, Ingo. 2013. Der narrative Ansatz. In: Deichmann/Tischner 2013, a. a. O., 273–286
Keupp, Heiner. 2002. Identitäten in der Ambivalenz der postmodernen Gesellschaft. Vortrag am 19. 10. 2002 in Benediktbeuren. http://www.ipp-muenchen.de/texte/identitaeten.pdf . Zugegriffen: 4. Januar 2014.
Keupp, Heiner. 2003. Identitätskonstruktion. Vortrag bei der 5. bundesweiten Fachtagung zur Erlebnispädagogik am 22. 09. 2003 in Magdeburg. http://www.ipp-muenchen.de/texte/identitaetskonstruktion.pdf. Zugegriffen: 4. Januar 2014.
Kraus, Wolfgang. 2006. Alltägliche Identitätsarbeit und Kollektivbezug. Das wiederentdeckte Wir in einer individualisierten Gesellschaft. In *Subjektdiskurse im gesellschaftlichen Wandel*. Zur Theorie des Subjekts in der Spätmoderne, hrsg. H. Keupp/J. Hohl. Bielefeld: Transcript, 143–164.
Kraus, Wolfgang. 2000. *Das erzählte Selbst*: Die narrative Konstruktion von Identität in der Spätmoderne. Herbolzheim: Centaurus.
Lange, Dirk. 2009. Migrationspolitische Bildung. Das Bürgerbewusstsein in der Einwanderungsgesellschaft. In: Lange/Polat, a. a. O., 163–175.
Lange, Dirk/Polat, Ayça. Hrsg. 2009. *Unsere Wirklichkeit ist anders*. Migration und Alltag. Bonn: bpb.
Lange, Dirk/Rößler, Sven. 2012. *Repräsentationen der Migrationsgesellschaft*. Das Grenzdurchgangslager Friedland im historisch-politischen Schulbuch. Baltmannsweiler: Schneider.
Lau, Jörg. 2010. Nachtwache an der Sonnenallee. In *Zeit-Online* vom 1. Juli 2010. http://www.zeit.de/2010/27/Tuerken-Linke-Berlin. Zugegriffen: 18. Dezember 2013.
Lessenich, Stephan. 2009. Krise des Sozialen? In *APuZ* 52, 28–35.
Lessenich, Stephan/Nullmeier, Frank. 2006. Einleitung: Deutschland zwischen Einheit und Spaltung. In *Deutschland. Eine gespaltene Gesellschaft,* hrsg. S. Lessenich/F. Nullmeier. Frankfurt/M.: Campus, 7–27.
Lutter, Andreas. 2011. *Integration im Bürgerbewusstsein von SchülerInnen*. Wiesbaden: VS.
Mecheril, Paul. 2003. *Prekäre Verhältnisse*. Über natio-ethno-kulturelle (Mehrfach-)Zugehörigkeit. Münster: Waxmann.

Munsch, Chantal. 2010. *Engagement und Diversity*. Der Kontext von Dominanz und sozialer Ungleichheit am Beispiel Migration. Weinheim/München: Juventa.

Müssig, Stephanie/Worbs, Susanne. 2012. Politische Einstellungen und politische Partizipation von Migranten in Deutschland. Working Paper 46. Integrationsreport des BAFM, Teil 10. Nürnberg.

Reckwitz, Andreas. 2010. *Das hybride Subjekt*. Eine Theorie der Subjektkulturen von der bürgerlichen Moderne zur Postmoderne. Weilerswist: Velbrück.

Renan, Ernest. 1882. Was ist eine Nation? In *Grenzfälle*. Über neuen und alten Nationalismus, hrsg. M. Jeismann/H. Ritter. 1993. Leipzig: Reclam, 290–311.

Richter, Dagmar. 2004. „Doing European" statt „Europäische Identität" als Ziel politischer Bildung. In *Europa verstehen lernen*. Eine Aufgabe des Politikunterrichts, hrsg. G. Weißeno. Schwalbach: Wochenschau, 172–184.

Rother, Bernd. 2001. „Jetzt wächst zusammen, was zusammengehört" – Oder: Warum Historiker Rundfunkarchive nutzen sollten. In Bundeskanzler-Willy-Brandt-Stiftung 2001, a. a. O., 25–30.

Sauer, Martina/Halm, Dirk. 2009. *Erfolge und Defizite der Integration türkeistämmiger Einwanderer*. Entwicklungen der Lebenssituationen 1999 bis 2008, hrsg. Stiftung Zentrum für Türkeistudien. Wiesbaden: VS.

Schelle, Carla. 2003. *Politisch-historischer Unterricht hermeneutisch rekonstruiert*. Von den Ansprüchen Jugendlicher, sich selbst und die Welt zu verstehen. Bad Heilbrunn: Klinkhardt.

Sen, Amartya. 2010. *Die Identitätsfalle*. Warum es keinen Krieg der Kulturen gibt. München: Beck.

Sennett, Richard. 1998. *The Corrosion of Character*. The Personal Consequences of Work in the New Capitalism. New York: Norton.

Sezgin, Hilal. 2011a. Deutschland schafft mich ab. In dies. 2011b, 45–52.

Sezgin, Hilal (Hrsg.) 2011b. *Manifest der Vielen*. Deutschland erfindet sich neu. Berlin: Blumenbar.

Topçu, Canan 2009: Meine Heimat ist Deutschland, sofern man es meine Heimat sein lässt. In Lange/Polat 2009, a. a. O., 19–29.

Varela, María do Mar Castro. 2009. Migrationshistorisches Vakuum? Zum Selbstverständnis Deutschlands als Einwanderungsland. In: Lange/Polat 2009, a. a. O., 81–94.

Wiener, Antje. 2007. Europäische Bürgerschaftspraxis. In: *Moderne (Staats)Bürgerschaft*. Nationale Staatsbürgerschaft und die Debatten der Citizenship Studies, hrsg. J. Mackert/H. Müller. Wiesbaden: VS, 261–283.

Zick, Andreas/Küpper, Beate/Hövermann, Andreas. 2011. *Die Abwertung der Anderen*. Eine europäische Zustandsbeschreibung zu Intoleranz, Vorurteilen und Diskriminierung, hrsg. Friedrich-Ebert-Stiftung. Berlin: FES.

Eine kritische Betrachtung von Rationalität als zentraler normativer Bezugspunkt des Politischen Urteils in Hinblick auf die Praxis

Hendrik Schröder

> *„Das mag in der Theorie richtig sein, taugt aber nicht für die Praxis"* (Kant 1968b, S. 127).

1 Einleitung

Die politische Kernaufgabe im 21. Jahrhundert ist die Klärung der existenziellen gesellschaftlichen Frage, wie ein ethisch gerechtfertigtes Zusammenleben auf einem Planeten mit begrenzten Ressourcen und Lebensraum für eine wachsende Weltbevölkerung mit unterschiedlichen Sozialisationserfahrungen möglich ist. Diese Aufgabe kann nicht alleine theoretisch, sondern nur in einer symbiotischen Wellenbewegung von Theorie und Praxis bewältigt werden. Theorie und Praxis müssen sich abwechseln, ergänzen, zurückfließen und sich entwickeln, um eine sinnvolle gesellschaftliche Ordnung zu schaffen. Ausgangspunkt jeder Gesellschaft sind dabei stets die Menschen, die durch politisches Urteilen und Handeln Gesellschaft konstruieren und reproduzieren; wobei die Funktionslogik jeder Gesellschaft die Sicherheit und Selbsterhaltung der Gesellschaft ist, nicht aber zwangsläufig ihrer Mitglieder. Politische und insbesondere politikdidaktische Theorie hat dabei den Menschen zu unterstützen, indem sie den Anspruch verfolgt, Relevanz für das Politische Handeln zu entfalten. Das Politische Urteil fungiert hierbei – nach Kant (vgl. 1968b, S. 127) – als Bindeglied zwischen Theorie und Praxis. Das Urteil steht vor dem Handeln und auch wenn es nicht prinzipiell zu kausalen Handlungen führt, so strebt es doch eben diese Kausalität im Grunde an. Konsequenzen für die Praxis zu entwickeln, ist das Ziel eines jeden Politischen Urteils. Der Entwicklung der politischen Urteilskompetenz, als gesellschaftliche Konstitutions- und Reproduktionsbedingung, kommt deshalb maßgebliche Bedeutung zu. Sie ist der Leim, der die Menschen in einer Gesellschaft verbindet und das Zusammenleben prägt.

Politisches Urteilen, so die Forderung eminenter politikdidaktischer Theorien, hat sich an Rationalitätsaspekten auszurichten (vgl. Breit und Weißeno 1997, S. 295–300; Henkenborg 2012, S. 28–48; Massing 1997, S. 91–107; Sutor 2011, S. 146 f.). Was aber heißt es, wenn eine Theorie die anthropologische Seite des Menschen größtenteils unberücksichtigt lässt? Wenn „[…] die ‚menschliche Natur' der Hauptsache nach nicht rational ist" (Popper 1992/II, S. 266), welche Forderungen können dann berechtigterweise an den Menschen gestellt werden? Diese Fragen bilden den Ausgangspunkt meiner hier vorliegenden Denkbewegungen. Ich vertrete dabei die These, dass sich die Theorien zur politischen Urteilsbildung nicht auf rationale Aspekte – wie die Wertrationalität und Zweckrationalität – beschränken lassen, sondern darüber hinaus weitere für die politische Urteilsbildung konstitutive Faktoren benennen[1]. Im Kontrast hierzu findet in der Praxis bei der Vermittlung, Konstruktion und Analyse Politischer Urteile jedoch in besonderem Maße eine einseitige Fokussierung auf Rationalitätsaspekte statt. Weitere Aspekte der politischen Urteilsbildung, die sich nicht sinnvoll unter dem Terminus der Rationalität fassen lassen, bleiben hingegen weitgehend unberücksichtigt[2]. Im Folgenden werde ich erstens aufzeigen, aus welchen Gründen eine Konzentration auf Rationalität als hilfreiche Orientierung für Politische Urteile zu kurz greift und zweitens darlegen, dass zur Weiterentwicklung der Theorien zur politischen Urteilsfähigkeit anthropologische Merkmale – insbesondere Erkenntnisse aus der Psychologie und Neurobiologie – stärker gewichtet werden müssen. Ausgehend von einer hermeneutischen Verstehensperspektive werden von mir anhand dreier Faktoren (die Begrenztheit von Informationen, das Nichtwissen und die psychosomatischen Gegebenheiten) die Grenzen der Rationalität illustriert. Damit ist die Thematik nicht erschöpfend abgehandelt, deutlich wird jedoch warum somatische und psychische Aspekte stärker in der Theorie und Praxis zur politischen Urteilsbildung berücksichtigt werden müssen, um eine politische Urteilskompetenz zu fördern, die dem Menschen in seiner Ganzheitlichkeit gerecht wird. Am Ende ste-

---

1 Stellvertretend können an dieser Stelle die Arbeiten und Impulse von Friedrichs (2012), Henkenborg (2012), Juchler (2005) und Klee (2008) genannt werden, die für meine Ausarbeitung und Denkrichtung neben den „klassischen Texten" von Sutor (1971) und Massing (1997) bedeutend sind. Die Konzepte von: Juchler, der im besonderen Maße auf die Relevanz der „erweiterten Denkungsart" für die Politische Urteilsbildung verweist; von Henkenborg der den „Dreiklang von Analysieren, Urteilen und Handeln" betont; von Friedrichs, der die Frage stellt, welche Bedeutung postmoderne Theorien für die Urteilsbildung haben und von Klee (2008, S. 107), der kritisch vermerkt, dass eine Konzentration auf rationale Aspekte eine Entfremdung von „lebensweltlichen Wahrnehmungsmustern" darstellt.
2 Um Missverständnissen vorzubeugen, möchte ich an dieser Stelle betonen, dass die Fokussierung auf Rationalitätsaspekte bei der politischen Urteilsbildung, wie ich sie für die angewandte Didaktik unterstelle, mir in keinster Weise repräsentativ für die politikdidaktische Theoriebildung im Allgemeinen erscheinen.

hen einige kritische Gedanken zu den Gefahren, die einer Gesellschaft drohen, die den Wert der Rationalität für die politische Urteilsfindung überhöht und dabei vergisst, dass der vorherrschende Diskurs darüber entscheidet, was als rational erachtet wird und was nicht.

2 Hermeneutische Verstehensperspektiven der politischen Urteilsbildung

Hannah Arendt (2013, S. 110) schrieb einmal: „Verstehen beginnt mit der Geburt und endet mit dem Tod." Und auch Gadamer (vgl. 2010, S. 1) konstatiert in seiner Monographie „Methode und Wahrheit", dass das Verstehen, historisch betrachtet, sich nicht auf wissenschaftliche Methodiken beschränken ließe, sondern vielmehr der Wunsch – sich selbst, andere und die Welt um einen herum verstehen zu wollen – als ein allgemeines menschliches Grundbedürfnis verstanden werden kann. Wissenschaft wird von Menschen betrieben und alle wissenschaftlichen Disziplinen verbindet die gemeinsame Absicht, *Wahrheiten* zu ihren jeweils spezifischen Fachgegenständen (und somit aus verschiedenen Perspektiven) verifizieren zu wollen. Zur Anwendung kommen dabei wissenschaftliche Methoden, die interdisziplinär variieren, aber im Kern alle stets auf einen Erkenntniszuwachs abzielen, um ein besseres Verstehen zu ermöglichen. Das Verstehen ist die zentrale Absicht der Hermeneutik. Ihre Stärke ist es, nicht die engen Grenzen zu übernehmen, die durch die Anwendung klassischer wissenschaftlicher Methoden gesetzt werden, welche sich vornehmlich an einem naturwissenschaftlichen Verstehensbegriff orientieren. Hermeneutik lässt sich nicht in eine „Methode des Verstehens" (Gadamer 2010, S. 1) umdeuten und liefert keine im wissenschaftlichen Sinne gesicherten „Wahrheiten"; und doch kommt keine Wissenschaftsdisziplin ohne sie aus. Immer wenn es um Interpretation geht, das heißt, wenn wir versuchen gewonnene Erkenntnis in einem Zusammenhang zu verstehen und einen Sinn zu deuten, handeln wir hermeneutisch. Interpretieren, Verstehen, Sinn deuten, Wahrheit finden – diese Dinge können durch das Ausüben einer exakten wissenschaftlichen Methode befördert, aber nicht vollzogen werden. Den Ausgangspunkt jedes Verstehensprozesses bildet letztlich die individuelle Wahrnehmung der Lebenswelt (vgl. Habermas 1995, S. 189 f.). Etwas zu verstehen ist dabei permanent ein Prozess, der – im Gegensatz zum „wissenschaftlichen Wissen" – nicht zu einem „eindeutigen Ergebnis" führt (vgl. Arendt 2013, S. 110). Wir können sagen, dass das Verstehen etwas Prozessuales und Undogmatisches darstellt. Jeder Fall, jeder Gegenstand kann immer auch anders und immer wieder neu verstanden werden. Die politische Urteilsbildung ist demnach eine hermeneutische Tätigkeit ersten Ranges. Denn genau wie beim hermeneutischen Verständnis vom Verstehen ist auch das Politische Urteil ein interpretativer Akt, der nicht kausal in einem spezifischen Urteil mündet, sondern sich eine Kontingenz bis zum Urteilsschluss bewahrt. Aus der Hermeneutik wissen wir, dass um zu *verstehen*, warum ein Akteur ein spezifisches Politisches Urteil gefällt hat, die individuelle Lebenswelt des Akteurs ergründet werden muss. Wobei es angemessener ist von einer Annäherung an ein potenzielles Verständnis des Akteurs zu sprechen. Ein absolutes Verstehen im Sinne eines nicht mehr falsifizierbaren Verständnisses ist zwar nicht auszuschließen, aber zumindest eine sehr idealistische Sichtweise. Beispielsweise kann der Anspruch sein eigenes Ego *verstehen* zu wollen als ein vernünftiger Anspruch betrachtet werden. In der Praxis stellt sich dieser Anspruch dem Akteur jedoch rasch als eine permanente Überforderung dar. Noch vermessener erscheint es, einen fremden Geist, sein Urteilen und sein Handeln in Gänze *verstehen* zu wollen. Deswegen bedeutet *verstehen* hier immer ein Versuch der Annäherung an ein vermutetes Verständnis – dem eigenen oder dem einer fremden Person. Im hermeneutischen Sinne ergeben sich aus diesen Überlegungen zwei konkrete methodische Forderungen, die für die Politikdidaktik von Relevanz sind. Erstens ist bei der Analyse Politischer Urteile das eigene Verständnis vom Politischen Urteil von dem Verständnis der urteilsbildenden Person zu unterscheiden. Zweitens ist bei der politischen Urteilsbildung neben dem eigenen Verständnis das angenommene Verständnis Dritter bzw. der Öffentlichkeit zu reflektieren.

3 Rationalität als Technik der Typologisierung des Verstehens

Politische Urteile bleiben nicht auf der Ebene des Verstehens verhaftet. Verstehen ist ein individueller Prozess, der auf das Subjekt beschränkt bleibt. Ein Politisches Urteil hingegen bezieht sich auf die Sphäre des Politischen (die Öffentlichkeit) und weist somit über den Einzelnen hinaus. Das subjektiv Verstandene soll beim Politischen Urteil durch rationale Gesichtspunkte in eine *sinnvolle Ordnung* gebracht werden (vgl. Breit und Weißeno 1997; Juchler 2005; Reinhardt 2009; Sutor 1971). Absolute Rationalität und völlige Irrationalität sind dabei die entgegengesetzten Pole, zwischen denen das Politische Urteil eingeordnet werden kann (Abb. 1). Je rationaler uns das Verstandene erscheint, desto mehr eignet es sich zur politischen Urteilsbegründung (vgl. Henkenborg 2012, S. 35 ff.).

Verwendet man Rationalität jedoch als Maßstab zur Analyse von Urteilen, können Urteilsprozesse nur in ihrer spezifischen Differenz zum Rationalen beschrieben werden, d.h. Urteile ließen sich immer auch *noch rationaler* begründen, absolute Rationalität bleibt hingegen ein fiktiver, nicht zu erreichender Zustand.

Abbildung 1 Das Politische Urteil zwischen absoluter Rationalität und vollständiger Irrationalität.

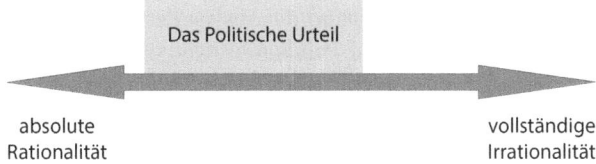

absolute Rationalität   vollständige Irrationalität

Ein Grund hierfür liegt in der notwendigen Komplexitätsreduzierung der zugrunde liegenden Kontingenz (Gegenstand, Sachverhalt, Situation, Beziehung, Fall, Konflikt, Problem). Die Notwendigkeit der Komplexitätsreduzierung lässt sich anhand der von Orrin E. Klapps (1987) beschriebenen Theorie über informationsverarbeitende Systeme verdeutlichen. Klapps konstatierte, dass informationsverarbeitende Systeme grundsätzlich die Wahl haben, sich neuen Informationen gegenüber zu öffnen, oder zu verschließen. Eine Öffnung impliziert eine mögliche Urteilsfindung aufgrund einer größeren differenzierten Datenlage und verhindert eine eingeengte Sichtweise („good opening"). Demgegenüber spricht Klapps vom „bad opening", wenn das System unaufhörlich mit neuen Informationen geflutet wird, die entweder keine Relevanz für den Beurteilungsprozess besitzen oder nicht mehr verarbeitet werden können. Das antagonistische Gegenstück zum „bad opening" ist das „good closing". Gemeint ist das Blockieren einer Informationsflut, die das System überlastet und letztlich zur Urteilsunfähigkeit führen würde. Vom „bad closing" hingegen kann gesprochen werden, wenn eine zu geringe Menge an Informationen für die Urteilsfindung aufgenommen wurde. Das Extrem des „bad closing" ist ein fundamentaler Dogmatismus, der keinerlei neue oder divergierende Informationen für die Urteilsfindung berücksichtigt (vgl. Klapps 1978, S. 17 ff. und Schimank 2005, S. 53 f.). Demnach ist bei der Informationsaufnahme das anzustrebende Ideal für eine gelungene Urteilsfindung ein „good opening" in Verbindung mit einem „good closing". Da die Aufnahmekapazität und Verarbeitungsfähigkeit von Informationen interindividuell verschieden ist, lässt sich aus Klapps' Theorie jedoch keine generalisierbare Aussage über die erforderliche Quantität der aufzunehmenden Informationen für eine Urteilsfindung im Generellen treffen[3]. Wer welche Informationen in welchem Maße auf-

---

[3] Eine verallgemeinerbare Aussage über die nötige Quantität lässt sich auch deswegen nicht tätigen, da neben der gelungenen Informationsaufnahme entscheidend ist, „auf welche individualtypische Weise, in welchem ‚Stil'" (Reis 1997, S. 12) „die Informationsverarbeitung stattfindet und nicht etwa, was und wie viel verarbeitet wird" (Müller-Christ und Weßling

nehmen muss, um zu verstehen und urteilen zu können, lässt sich demnach nicht abschließend klären.

Für die Beurteilung eines Urteils muss der Verstehensprozess der urteilsbildenden Person nachvollzogen werden. Dazu gehört die Analyse der zugrunde liegenden Informationsbasis eines Urteils. Guter Politikunterricht versucht genau hier anzusetzen und die Urteilsgründe zu identifizieren, die zu einem spezifischen Politischen Urteil geführt haben. Damit ist immer die Absicht verbunden, Urteile zu beurteilen, kurz: sie zu legitimieren oder zu delegitimieren. Politikdidaktisch steht dabei die technische Komponente des Urteilsprozesses im Vordergrund, mit dem Ziel der Ausbildung einer Urteilskompetenz. In der Praxis wird evident, dass Urteile vom Standpunkt der urteilsbildenden und der betrachtenden Person verstanden werden müssen, genau wie die zugrundeliegende Informationsbasis. Die politikdidaktische Betrachtung eines Urteils erschöpft sich somit nicht am finalen Urteil (dem Sein), sondern am ganzheitlichen Menschen (seinem Bewusstsein). Dabei kann das Bewusstsein nicht mit einer rein rational operierenden Terminologie hinreichend erfasst werden. Deutlich wird, dass durch die notwendige Komplexitätsreduzierung ein Urteil letztlich nie *vollkommen rational*, d.h. unter Berücksichtigung *aller* möglicherweise urteilsrelevanten Informationen getroffen werden kann[4]. Klapps' Theorie kann so interpretiert werden, dass sie dabei von *idealen Gegebenheiten* ausgeht, in denen zumindest theoretisch alle Informationen verfügbar sind und ausgewählt werden könnten. In der Praxis konstruiert sich die Komplexität einer Urteilssituation jedoch auch dadurch, dass gerade nicht alle Informationen verfügbar sind bzw. gar nicht bekannt ist, dass bestimmte Aspekte zu berücksichtigen wären. Retrospektiv lassen sich immer wieder nicht intendierte Folgen von Urteilen identifizieren, weil bei der Urteilsfindung bestimmte Aspekte unbekannt und *nicht vorhersehbar* waren. Ulrich Beck gibt hierfür in seinem Werk „Weltrisikogesellschaft" ein passendes Beispiel (vgl. Beck

---

2007, S. 188). Die Qualität der Informationen und der Informationsverarbeitung bleibt in Klapps' Theorie unberücksichtigt. Zum weiteren Verständnis sei auf die Erkenntnisse der kognitiven Psychologie über interindividuelle Unterschiede in der Informationsverarbeitung verwiesen. Bei Müller-Christ und Weßling (2007) findet sich diesbezüglich ein guter Überblick.

4   Nicht unterschlagen werden soll hier die Ansicht, dass die in der Praxis verankerte starke Bezugnahme auf Rationalität als Analyseinstrument sinnvoll sei. Da hierdurch der Blick auf diejenigen Aspekte gelenkt werde, die (vermeintlich) dienlich seien könnten, um die *potenzielle Rationalität* des Urteils zu erhöhen. Durch die Reflexion *rationaler Schwachstellen* bestünde z. B. die Möglichkeit retrospektiv ein Urteil zu modifizieren. Die Komplexität der Urteilsbegründung könnte zunehmen und die Qualität *theoretisch* gesteigert werden (vgl. Sander 2008, S. 87 ff.). Dieser Prozess muss jedoch in der Praxis an strukturelle und psychosomatisch bedingte Grenzen stoßen und kann eine Überbetonung von Rationalität für die Praxis – wie sie meines Erachtens vorliegt – nicht rechtfertigen.

2008, S. 215 f.). Im Jahr 1930 begann man in den USA damit Fluor-Chlor-Kohlenwasserstoff (FCKW) industriell zu fertigen. Die chemischen Eigenschaften – „nicht brennbar, ungiftig, geruchlos" (Beck 2008, S. 215) – ermöglichten den Einsatz von FCKW in Kühlschränken und in einer Vielzahl von anderen Produkten. „Erst wissenschaftliche Hypothesen in den siebziger Jahren" (Beck ebd.), gut vierzig Jahre später, deckten die dramatischen Folgen dieses ökologischen *Nichtwissens*[5] auf. Das Nichtwissen ist für die meisten der bedeutenden politischen Urteilsprozesse unserer Zeit zu einer latenten Gefahr geworden. Die enorme Komplexität politischer Problemlagen ist dabei die ursächliche Schwierigkeit, die es kompliziert macht, adäquate Politische Urteile zu fällen. Als Antwort hierauf haben sich politische Strategien entwickelt wie der Inkrementalismus und das Planen (vgl. Schimank 2005, S. 237 ff. und S. 307 ff.) oder das Coping (vgl. Schimank 2011, S. 459–462). Diese Strategien beinhalten einen höchst flexiblen Umgang mit Urteilen. Ein Grundcredo lautet dabei: Da nicht genau entschieden werden kann, welches Urteil zu welchen Konsequenzen führt, gilt es möglichst zu vermeiden, Urteile zu fällen, die irreversible Konsequenzen beinhalten. Rational wäre demnach die Offenheit der Kontingenz zu bewahren und sich nicht vorzeitig auf eine bestimmte Lösungsstrategie festzulegen. Diese vermeintlich vernünftige (rationale) Praxis widerstrebt dem natürlichen menschlichen Bedürfnis nach abschließendem Erkennen (vgl. Kant 1968, S. 60) und wie Schimank (2005, S. 455) in seinem Titel „Nur noch Coping: Eine Skizze postheroischer Politik" bemerkte, ist ein solcher Politikstil wenig heldenhaft und daher recht schwer zu vermitteln. Politisch verantwortliche Personen und Institutionen errichten deswegen sogenannte „Rationalitätsfassaden" (vgl. Schimank 2005, S. 387 f.), um sich in deren Schatten einen möglichst großen Urteilsspielraum zu erhalten. Eine „Rationalitätsfassade" verbirgt *das wahre Urteilen und Handeln der politisch verantwortlichen Minorität* vor der Mehrheitsgesellschaft. Die Dekonstruktion dieser Fassaden ist für jede demokratische Gesellschaft ein politisches und insbesondere ein politikdidaktisches Problem, da es sich um eine Vermittlungsaufgabe handelt. Die Einsicht, dass politisches Urteilen sich eine Offenheit im Umgang mit „Nichtwissen" bewahren muss, ist eine rationale; die Enttäuschung, die dabei entstehen kann, wenn politische Akteure ihren Kurs ändern, ist von emotionaler Natur. Es wäre leicht zu sagen, politisches Urteilen aus affektiven oder emotionalen Gründen heraus sei falsch, da ein rationales Reflektieren nicht überwiegt; damit deklassiert aber die Theorie einen Großteil der praktizierten Politischen Urteile und macht sie im Vornherein apolitisch. Es muss sogar danach gefragt werden, ob solch eine Theo-

---

5   Die Beschäftigung mit den Aspekten des Nichtwissens kann hier nicht erschöpfend thematisiert werden. In der Monografie von Ulrich Beck (2008) „Weltrisikogesellschaft" findet sich im Kapitel VII eine gute Einleitung zu diesem Thema.

rie für die Praxis Gültigkeit beanspruchen kann oder ob sie nicht an der anthropologischen Natur des Menschen scheitern muss. Die aus der utilitaristischen Traditionen stammenden, rationalen Handlungsmodelle gehen klassischerweise von der Annahme aus, der Mensch sei generell und prinzipiell in der Lage, rational zu handeln. Psychologische Untersuchungen zum menschlichen Verhalten kommen demgegenüber zu dem Schluss, dass ambivalente intrasubjektive Haltungen gegenüber Handlungen eingenommen werden (vgl. Müller-Christ und Weßling 2007, S. 193). Dabei werden drei Komponenten unterschieden: „Dies sind eine kognitive Komponente (vernunftmäßige Beurteilung der Veränderung), eine affektive Komponente (Gefühle im Zusammenhang mit dem Wandel) und eine konative Komponente (entsprechende Verhaltensabsicht). Die Reaktion der Betroffenen können auf den drei verschiedenen Dimensionen unterschiedlich ausfallen. Ambivalenz entsteht dann als erlebte[r] Gegensatz zwischen Denken, Fühlen und Handeln" (Schirmer und Luzens 2003, S. 317)[6]. Urteile sind demnach keine linear stringent verlaufenden Denkbewegungen, sondern zeichnen sich durch innere Widersprüche und Ambiguitäten aus, die sich nicht in einem rationalen Fluchtpunkt auflösen lassen. Otscheret (1988, S. 54) folgend ist „grundsätzlich jedes Denken, Fühlen und Handeln von inneren und äußeren Einflüssen, von gegensätzlichen Gefühlen, Erwartungen und Zielsetzungen geleitet". Demnach liegen keine intrasubjektiv geschlossenen Rationalitätsvorstellungen vor, sondern es finden sich divergierende Ambiguitäten und Ambivalenzen in uns, die sich nicht widerspruchsfrei verbinden lassen. Entscheidend hieran ist, dass deutlich wird, dass Rationalität beim Urteilen gerade nicht die wesentliche Komponente darstellt, sondern andere Ingredienzien und ihre Bedeutung für den Urteilsprozess erforscht werden müssen, um besser zu *verstehen* wie Menschen praktisch urteilen. Sowohl kognitionspsychologische (vgl. Müller-Christ und Weßling 2007) wie auch soziologische Theorien (vgl. Joas 1992, S. 86) gehen davon aus, dass Menschen in einer Urteilssituation ständig die zugrunde liegenden Motive, Ziele, Möglichkeiten und Gegebenheiten neu ausloten, modifizieren und ggf. negieren. Demnach kann eine Urteilssituation als ein dynamischer Prozess, der sich durch innere Widersprüchlichkeiten auszeichnet und keiner stringenten Logik folgt, charakterisiert werden. Zusammenfassend bedeutet dies, dass die einem Urteil zugrundeliegende Informationsbasis unausweichlich situativ und individuell stark variieren muss und die intrasubjektive Informationsverarbeitung keiner stringenten rationalen Logik folgt. „Absolut rational wäre ein Prinzip, wenn es mit An-

---

6 Die Kompetenz, derartige Spannungen auszuhalten und zu bewältigen, stellt eine menschliche Schlüsselfertigkeit dar. Die Psychologie hat sich diesem Forschungsfeld ausgiebig angenommen und aufgezeigt, dass das Erleben von Ambiguitäten u. a. zu *psychopathologischen Auffälligkeiten* führen kann (vgl. Müller-Christ und Weßling 2007, S. 192).

spruch auf Letztbegründung behauptet werden könnte, also eine wissenschaftliche Theorie, die nicht mehr falsifizierbar wäre, oder eine moralische Regel, die universale Geltung beanspruchen könnte" (Beckmann 2009, S. 5 f.). So eine Annahme impliziert die Vorstellung „gegebener gemeinsamer und unhintergehbarer (metaphysischer) Hintergrundüberzeugungen" (Friedrichs 2012, S. 63). Die Existenz einer letzten Wahrheit, Erkenntnis oder Rationalität (als universellen Wert) entbehrt jedoch einer wissenschaftlichen Grundlage[7]. Der Mensch ist vielmehr durchzogen von Ambivalenzen und kein stringent rational urteilendes oder handelndes Wesen. Es ist hier wichtig, zwischen der politischen Philosophie und der praktischen Politik zu unterscheiden. Die Philosophie kann eine rationale Theorie und ein rationales Urteil denken, die Politik, die vom Menschen ausgehen muss, kann dies nicht. Die Politikdidaktik braucht deswegen eine Programmatik zur Vermittlung der Urteilskompetenz, welche die Ganzheitlichkeit des Menschen berücksichtigt und unter realistischen Gesichtspunkten zur politischen Urteilsbildung anzuleiten vermag.

4 Die erweiterte Denkungsart als sinnvolles Korrektiv für die politische Urteilsbildung

Abschließend sei auf die Gefahren hingewiesen, die einer Gesellschaft drohen, welche die Rationalität mit einer zu großen Führungsmacht ausstattet. Rationalität ist einzig vom eigenen Standpunkt abhängig und hat nichts mit Wahrheit zu tun. Was rational erscheint, muss nicht wahr sein und was wahr ist, muss nicht als rational verstanden werden. Rationalität ist eine Frage des Blickwinkels, nicht der Metaphysik. Als rational gilt, was gut begründet ist; gerade in der Politik wird dabei evident, dass die Beherrschung der Diskurshoheit hierbei von zentraler Bedeutung ist. Die Vorherrschaft über bestimmte Diskurse – die immer künstlich erzeugt und niemals natürlichen Ursprungs sind – entscheidet darüber, was in den Augen der hegemonialen Mehrheitsgesellschaft als rational erscheint. Gerade aus diesem Grunde gilt es, eine kritische Verstehensperspektive gegenüber allen rationalen Phänomenen einzunehmen. Wenn politische Urteile im Sinne aller Menschen und nicht einer bestimmten Gruppe gefällt werden sollen, dann bedarf es eines Korrektivs, um eine zu einseitige (rationale) Sichtweise zu verhin-

---

7   Eine lohnende Ausarbeitung, die sich mit der Pluralität von Weltverstehen beschäftigt und monotheistische universelle Erklärungsmodelle zurückweist, hat Foucault 1970 mit seiner Inauguralvorlesung am Collège de France vorgelegt. In seinem Werk „Die Ordnung des Diskurses" verweist Foucault auf die verschiedenartige Genealogie und Topologie von Wissen. Deren Folge unterschiedliche Diskursräume seien, in denen jeweils eigene normative Regelsysteme implizit sind (vgl. Foucault 2010).

dern. Die erweiterte Denkungsart (vgl. Kant 2009, S. 175 f.; Arendt 2012, S. 68 ff.; Juchler 2005, S. 68 f.) stellt den Versuch eines solchen Korrektivs dar und sollte im Unterrichtsgeschehen ein integraler Bestandteil sein. Nicht selten wird sie jedoch methodisch missverstanden. Bei der erweiterten Denkungsart geht es eben nicht darum, sich in andere Postionen oder Personen fiktiv hineinzuversetzen. Vielmehr soll in eigenen weiteren Perspektiven gedacht werden. Das Ziel besteht darin, durch die Einahme unterschiedlicher eigner Sichtweisen die Legitimität des eigenen politischen Urteils zu steigern. Im Kontrast hierzu steht das fiktive Hineinversetzen in eine fremde Perspektive, das häufig im Unterrichtsgeschehen beobachtet werden kann und in vielen politikdidaktischen Methoden gefordert wird (z. B. im Rollenspiel, der Podiumsdiskussionen oder dem Planspielen). Hier droht jedoch die Gefahr der Konstruktion und Verstetigung von Vor- oder Fehlurteilen. Parteien, ethnische Gruppen, Religionen etc. werden dann oftmals stereotypisch dargestellt. Die Perspektiven anderer Menschen können nicht durch ein fiktives Hineinversetzen verstanden werden, sondern nur durch die direkte Konfrontation mit diesen Perspektiven. Eine solche Konfrontation findet sinnvollerweise durch den persönlichen Austausch statt. In diesem Sinne muss die nicht nur in der Philosophie weit verbreitete Vorstellung, dass Denken ein höchst einsames Geschäft darstelle, modifiziert werden. Beim Politischen Urteil geht das Denken dem Urteil voraus und darf kein einsames Geschäft bleiben. Kant war es, der vielen seiner Kollegen widersprach, als er das Denken als einen expressiven Akt charakterisierte, der sich auszudrücken wünscht und die Geselligkeit braucht, wie der Körper nach Nahrung oder Luft zum Atmen verlangt.

> „Zwar sagt man: die Freiheit zu sprechen, oder zu schreiben, könne uns zwar durch obere Gewalt, aber die Freiheit zu denken durch sie gar nicht genommen werden. Allein, wie viel, und mit welcher Richtigkeit würden wir wohl denken, wenn wir nicht gleichsam in Gemeinschaft mit anderen, denen wir unsere und die uns ihre Gedanken mitteilen, dächten! Also kann man wohl sagen, daß diejenige äußere Gewalt, welche die Freiheit, seine Gedanken öffentlich mitzuteilen, den Menschen entreißt, ihnen auch die Freiheit zu denken nehme: das einzige Kleinod, das uns bei allen bürgerlichen Lastern noch übrig bleibt." (Kant 1968a, S. 280).

Politik regelt das Zusammenleben von Menschen und politische Urteile braucht es nur in der Gemeinschaft. Das Nachdenken über ein zu fällendes Politisches Urteil darf deswegen nicht zu einem einsamen Geschäft verkommen – so wichtig die erweiterte Denkungsart ist, den Austausch mit andern Denkenden kann sie nicht ersetzen.

5 Konsequenzen für die politische Bildung

Eine Fehldeutung meiner Thesen wäre es zu glauben, es würde mir um eine generelle Negation der Rationalität in Bezug auf die politische Urteilsbildung an sich gehen. Die Rationalität spielt beim Politischen Urteil zurecht eine Rolle. Sie gehört genau wie die Emotionen zu den kognitiven Modi des Menschen. Nicht die Negation bestehender politikdidaktischer Konzeption zur politischen Urteilsfindung soll hier betrieben werden, sondern deren Ergänzung und Erweiterung. Ratio[8], Psyche und die somatische Relativität des Menschen bedingen politische Urteile in der Praxis. Für die didaktische Konzeptionierung, die das Ziel verfolgt eine Urteilskompetenz für die Praxis zu entwickeln, müssen sie zusammen gedacht werden. Da alle Menschen politische Urteile auch unabhängig jeglicher didaktischen Systematisierung fällen, befindet sich der politikdidaktische Wirkungsraum zwischen dem politischen Urteil bzw. Vorurteil und der angestrebten politischen Urteilskompetenz (vgl. Abb. 2). Die Entfaltung einer politischen Urteilskompetenz als Voraussetzung für den mündigen und gesellschaftsfähigen Menschen ist hierbei das angestrebte Ideal, das es mit Hilfe der Politikdidaktik zu stützen gilt.

Abbildung 2 Schematische Darstellung der zu berücksichtigenden Bausteine für eine Theorie zur politischen Urteilsfindung.

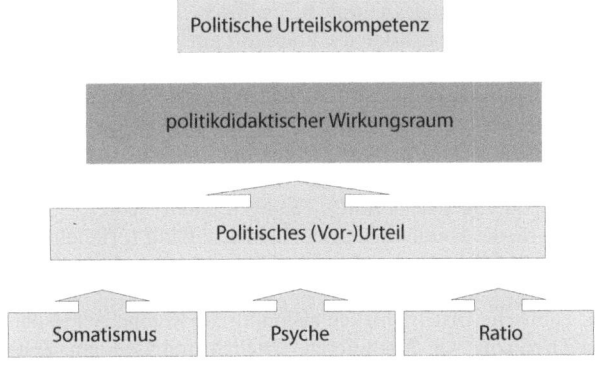

---

8 Die Probleme der Ethik die sich mit der Moral beschäftigen und ihre Bedeutung für die Urteilskraft können hier nicht hinreichend dargelegt werden. Vorläufig rechne ich in Abb. 2 die Dimension der Moral dem Verstand (Ratio) zu, da ich von keiner metaphysischen quasi dem Verstand unabhängigen Moral ausgehe.

Eine weitgehende Reduktion auf Rationalitätsaspekte, in der Unterrichtspraxis wird dieser Zielvorstellung nicht gerecht und das volle Potenzial des Politischen Urteils nicht hinreichend erfasst. Der Mensch mit seiner anthropologischen Neigung zur Irrationalität braucht neu zu entwickelnde Methoden und Ansätze für den politischen Unterricht, die ihn in seiner Ganzheitlichkeit berücksichtigen und die Entwicklung einer politischen Urteilskompetenz befördern.

Literatur

Arendt, Hannah. 2012. Das Urteilen. Texte zu Kants Politischer Philosophie. Dritter Teil zu „Vom Leben des Geistes". Aus dem Nachlass herausgegeben und mit einem Essay von Ronald Beiner. München/Zürich: Piper Verlag.
Arendt, Hannah. 2013. Zwischen Vergangenheit und Zukunft. Übungen im politischen Denken 1. München/Zürich: Piper Verlag.
Beck, Ulrich. 2008. Weltrisikogesellschaft. Auf der Suche nach der verlorenen Sicherheit. Frankfurt am Main: Suhrkamp Verlag.
Beckmann, Jan Peter. 2009. Wissen, Rationalität und Orientierungswissen. Zum konsensfähigen Umgang mit aktuellen Debatten. In Jahrbuch für Wissenschaft und Ethik, hrsg. Ludger Honnefelder & Dieter Sturma, 5–22. Berlin: de Gruyter.
Breit, Gotthard & Weißeno, Georg. 1997. Offene Fragen. In Politische Urteilsbildung. Aufgaben und Wege für den Politikunterricht, Hrsg. Bundeszentrale für politische Bildung, 295–300. Bonn: Bundeszentrale für politische Bildung.
Foucault, Michel. 2010. Die Ordnung des Diskurses. Frankfurt am Main: Fischer Verlag GmbH.
Friedrichs, Werner. 2012. Zur Konstruktion von Urteilen: Politische Urteilsbildung jenseits sozialer Rahmenvernunft. Zeitschrift für Didaktik der Gesellschaftswissenschaften 3 (2): 52–70.
Gadamer, Hans-Georg. 2010. Wahrheit und Methode. Grundsätze einer philosophischen Hermeneutik. (7. durchgesehene Aufl.). Tübingen: Mohr Siebeck.
Habermas, Jürgen. 1995. Theorie des kommunikativen Handelns. Band 1. Handlungsrationalität und gesellschaftliche Rationalisierung. Frankfurt am Main: Suhrkamp Verlag.
Henkenborg, Peter. 2012. Politische Urteilsfähigkeit als politische Kompetenz in der Demokratie – der Dreiklang von Analysieren, Urteilen und Handeln. Zeitschrift für Didaktik der Gesellschaftswissenschaften 3 (2): 28–48.
Joas, Hans. 1992. Die Kreativität des Handelns. Frankfurt am Main: Suhrkamp Verlag.
Juchler, Ingo. 2005. Politische Urteilsbildung – Kernkompetenz für den Politikunterricht. In Politik besser verstehen – Neue Wege der politischen Bildung, hrsg. Georg Weißeno, 62–75. Wiesbaden: VS Verlag für Sozialwissenschaften.
Klapps, Orrin E. 1978. Opening and Closing. Strategies of information adaptation in Society. London: Cambridge University Press.
Kant, Immanuel. 1968. Kritik der reinen Vernunft 1. Werk III, hrsg. Wilhelm Weischedel. Frankfurt am Main: Suhrkamp Verlag.

Kant, Immanuel. 1968a. Schriften zur Metaphysik und Logik. Werk V, hrsg. Wilhelm Weischedel. Frankfurt am Main: Suhrkamp Verlag.

Kant, Immanuel. 1968b. Schriften zur Anthropologie, Geschichtsphilosophie, Politik und Pädagogik. Werk XI, hrsg. Wilhelm Weischedel. Frankfurt am Main: Suhrkamp Verlag.

Kant, Immanuel. 2009. Kritik der Urteilskraft. Hamburg: Felix Meiner Verlag.

Klee, Andreas. 2008. Entzauberung des Politischen Urteils. Eine didaktische Rekonstruktion zum Politikbewusstsein von Politiklehrerinnen und Politiklehrern. Wiesbaden: VS Verlag für Sozialwissenschaften.

Massing, Peter. 1997. Kategoriale politische Urteilsbildung. In Politische Urteilsbildung. Aufgaben und Wege für den Politikunterricht, Hrsg. Bundeszentrale für politische Bildung, 91–107. Bonn: Bundeszentrale für politische Bildung.

Müller-Christ, Georg & Weßling, Gudrun. 2007. Widerspruchsbewältigung, Ambivalenz- und Ambiguitätstoleranz. Eine Modellhafte Verknüpfung. In Nachhaltigkeit und Widersprüche, hrsg. Georg Müller-Christ, et al., 179–197. Münster: LIT Verlag.

Otscheret, Elisabeth. 1988. Ambivalenz. Geschichte und Interpretation der menschlichen Zwiespältigkeit. Heidelberg: Asanger.

Popper, Karl Raimund. 1992. Die offene Gesellschaft und ihre Feinde. Band I: Der Zauber Platons. Band II: Falsche Propheten: Hegel, Marx und die Folgen. Übers. von Paul K. Feyerabend, Anh. übers. von Klaus Pähler. 7. Aufl. mit weitgehenden Verb. und neuen Anh. Tübingen: Mohr Siebeck.

Reinhardt, Sibylle. 2009. Politik Didaktik – Praxishandbuch für die Sekundarstufe I und II. 3. Aufl. Berlin: Cornelsen Verlag.

Reis, Jack. 1997. Ambiguitätstoleranz. Beiträge zur Entwicklung eines Persönlichkeitskonstruktes. Heidelberg: Asanger.

Sander, Wolfgang. 2008. Politik entdecken – Freiheit leben. Didaktische Grundlagen Politischer Bildung. 3., durchgesehene Aufl. Schwalbach/Ts: Wochenschau Verlag.

Schimank, Uwe. 2005. Die Entscheidungsgesellschaft. Komplexität und Rationalität der Moderne. Wiesbaden: VS Verlag für Sozialwissenschaften.

Schimank, Uwe. 2011. Nur noch Coping: Eine Skizze postheroischer Politik. Zeitschrift für Politikwissenschaft 21 (3): 455–463.

Schirmer, Frank & Luzens, Mira-Alexandra. 2003. Widerstand und Ambivalenz im Veränderungsprozess – am Beispiel eines Flexible office Projektes. Zeitschrift Führung + Organisation 72 (6): 316–323.

Sutor, Bernhard. 1971. Didaktik des politischen Unterrichts. Eine Theorie der politischen Bildung. Paderborn: Ferdinand Schöningh.

Sutor, Bernhard. 2011. Rationale politische Urteilsbildung – Politische Bildung auf der Grundlage praktischer Politikwissenschaft bei Bernhard Sutor. Neue Grundlegung politischer Bildung. In Klassiker der Politikdidaktik neu gelesen. Originale und Kommentare, hrsg. Michael May & Jessica Schattschneider, 142–151. Schwalbach/Ts: Wochenschau Verlag.

The manufacturer's authorised representative in the EU is Springer Nature Customer Service Centre GmbH, Europaplatz 3, 69115 Heidelberg, Germany. If you have any concerns regarding our products, please contact ProductSafety@springernature.com

Printed and bound by CPI Group (UK) Ltd, Croydon, CR0 4YY
23/03/2026
02076395-0009